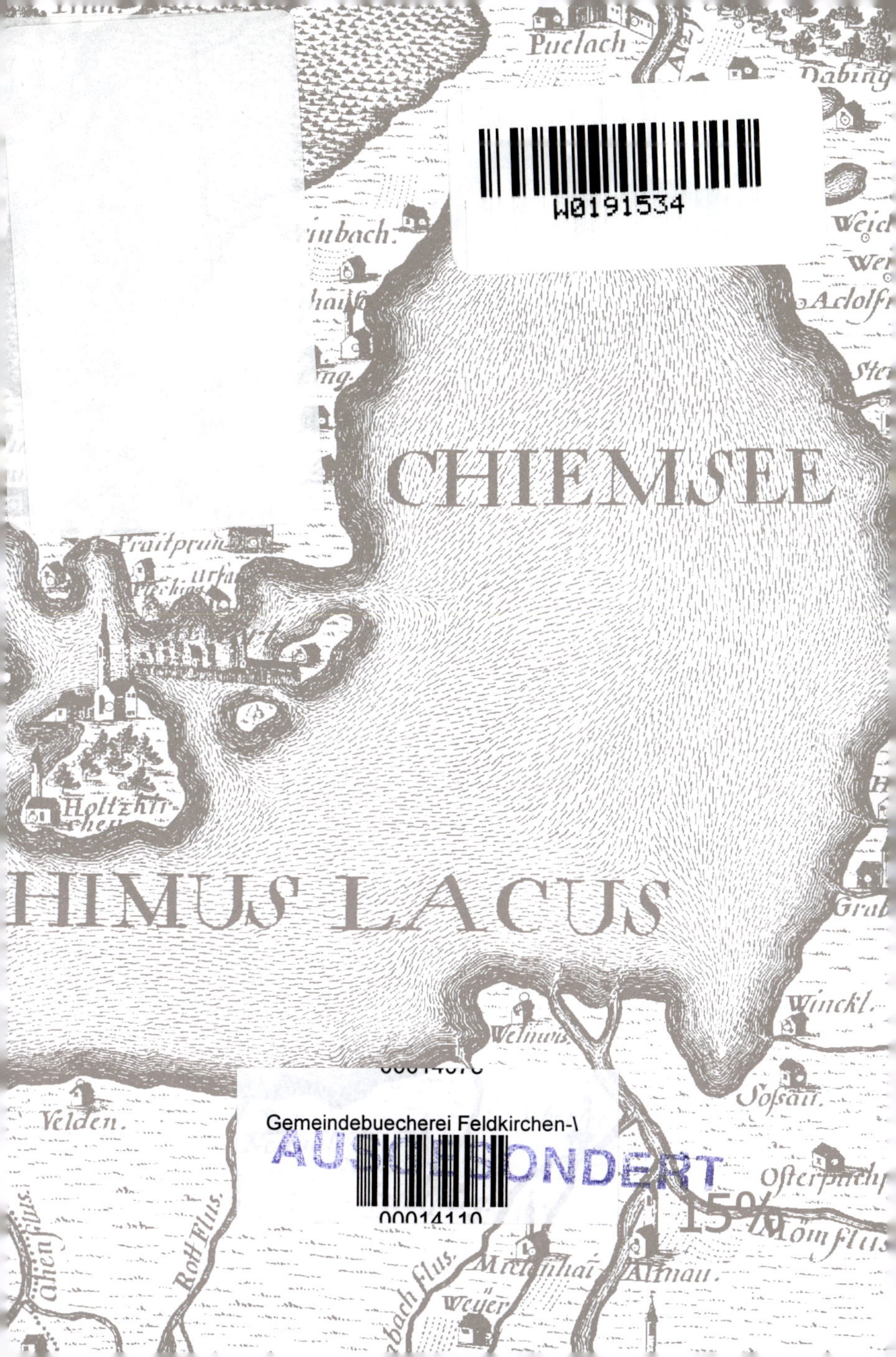
Puelach
CHIEMSEE
HIMUS LACUS
Winckl.
Sossau.
Velden.
Roth Flus.
Altnau.
Weyer

MICHAEL WEITHMANN

INSELN

IM BAYERISCHEN VORALPENLAND

Süddeutsche Zeitung Edition

Impressum

Projektleitung: Sabine Sternagel
Lektorat: Daniela Wilhelm-Bernstein
Art Direction: Stefan Dimitrov
Gestaltung: Sibylle Schug
Litho: Matthias Worsch
Herstellung: Thekla Licht, Hermann Weixler
Druck und Bindearbeiten: CPI – Ebner & Spiegel, Ulm
Printed in Germany

Titelbilder:
Oben: Fraueninsel im Chiemsee, dpa
Unten: Fama-Brunnen auf der Herreninsel, Chiemsee, dpa

ISBN: 978-3-86615-860-3

MICHAEL WEITHMANN

INSELN

IM BAYERISCHEN VORALPENLAND

Süddeutsche Zeitung Edition

Aufgrund seiner Entstehungsgeschichte zählt der Walchensee, hier vom Herzogstand aus gesehen, zu den ältesten Seen in Deutschland.

Eines von Bayerns schönsten Geotopen, so das offizielle Gütesiegel – das Osterseengebiet mit vielen kleinen und größeren Seen und Inselchen.

Wasserfahrzeuge aller Art steuern die Fraueninsel an.

Einst Sehnsuchts- und Rückzugsort des Märchenkönigs, heute Touristenmagnet: Die Roseninsel im Starnberger See.

Inseln in Bayern? Aber ja!

Sie sind ganz besondere Plätze – zum Wohnen, als Rückzugsgebiete, aber auch als mythische Orte

Von gleißender Sonne erhellter Morgendunst taucht die Roseninsel im Starnberger See in märchenhaftes Licht.

Fühlen Sie sich reif für die Insel? Dann sind Sie in bester literarischer Gesellschaft. Sie sollten aber bedenken: No Man is an Island – Every Man is a Piece of the Continent. Also sprach John Donne, ein berühmter Shakespeare-Kenner im Jahre 1624: Kein Mensch repräsentiert nur sich selbst, er ist Teil eines Großen und Ganzen. Meint er damit, dass auch das Inselleben nicht ganz so frei sei und irgendwann ebenfalls in den kontinentalen Alltag übergeht? Oder dass eine Inselexistenz letztlich prekär wird und zur Vereinsamung führt?

Oder denken Sie positiv an Ferieninseln im Meer, an Mallorca, Mykonos, Teneriffa, an die Malediven ... Klar, die kennt jeder. Aber Inseln in Bayern?

Oberbayern bietet Seen und Flüsse, und mittendrin Inseln jeder Größe, vom Wasser umgebene Eilande, alle mit eigener Geschichte, mit besonderen Naturschönheiten ausgestattet, und hin und wieder auch mit einem Wirtshaus. Dieser Inselführer weist den Weg dorthin und bringt sie übers Wasser.

Bayern ist ein ausgesprochenes Binnenland. Und das Bayerische Oberland, das südliche Oberbayern, nähert sich schon dem Gebirge. Dort sollen Inseln sein? Aber ja!

Gewässer gibt's im Voralpenland genug. Flüsse, die den Alpen entströmen, die Ammer, die ab Inning Amper heißt, Loisach und Isar, Mangfall, Inn, Traun und Salzach, und Seen jeder Größe und Gestalt. Vom sprichwörtlichen Fünfseenland um Herrsching und Starnberg im Westen bis hinüber zum fjordartigen Königssee im Osten. Erwähnung finden in diesem Buch weiterhin Ammer- und Starnberger See, der Staffelsee und Wörthsee, der

Die Insel Wörth im Schliersee, gesehen von einem Bergpfad am Jägerkamp.

Der Walchensee, im Hintergrund die Zugspitze. Wegen seiner unergründlichen Tiefe rankten sich früher um ihn viele Sagen und Legenden.

abgründige Walchensee, der eiskalte Eibseee, der Schliersee und Tegernsee, der Chiemsee, das Bayerische Meer genannt, und Seen wie der kleine Klostersee und der Abtsdorfer See.

Auf bayerisch heißt es Wörth

Das alte deutsche Wort für wasserumflossenes Land ist Eiland, das im heutigen Sprachgebrauch nur noch poetisch verwendet wird. Bayerisch heißt es die Wörth oder Werth. Bis ins 18. Jahrhundert hießen eigentlich alle See- und Flussinseln im Bayerischen pauschal Wörth und wurden nur durch den Namenszusatz des Sees oder Flusses, in dem sie liegen, unterschieden.

Ein anderer alter Begriff für Insel ist Au, Aue oder Owe. Wir erkennen das noch bei den Namen der schwäbischen Bodensee-Inseln Reichenau, Lindau und Mainau. In Bayern bezeichnete man die Insel Herrenchiemsee mitunter als die große Aue und Frauenchiemsee als die kleine Aue. Der historisch richtige Name der Mausinsel im Wörthsee ist Aueninsel.

In den ruhigen Wassern des Walchensees am Fuße des Jochbergs soll ein gewaltiger Waller hausen, der schon manches Boot zum Kentern gebracht hat.

Frühe Inselsiedlungen

Die Menschen haben Inseln schon immer als eine ganz besondere Landschaftsform empfunden. Vielleicht weil sie vom Festland entfernt und somit schwer erreichbar waren. Das reizte in besonderem Maße zur Erkundung. Für Wohnplätze bot der allseitige Wasserring Schutz vor Tieren und Feinden. Fischfang und Jagd auf Wassertiere war ganzjährig quasi vor der Haustüre möglich und das lebensnotwendige Nass selbst stand, falls es sich um Inseln inmitten von Süßwasser handelte, unbegrenzt zur Verfügung. Zu den ersten Behausungen der Menschheit zählen die Pfahlbauten auf Inseln, in

Niederungen und an den Flachwässern der Seeufer. Die moderne Archäologie spricht heute von „Feuchtbodensiedlungen" oder „vom Land abgelösten, von Wasser umgebenen Wohnstätten" und misst ihnen besonders in den Seen- und Moorlandschaften der Voralpenlandschaften eine bedeutende Stufe der Menschheitskultur zu.

Moderne Insel-Archäologie

Eine eigene Forschungsmethode ist entstanden, die Inselarchäologie. Sie arbeitet mit den modernsten naturwissenschaftlichen und technischen Mitteln und ist gerade in Bezug auf die bayerischen Seen zu erstaunlichen Ergebnissen gekommen. Ebenso faszinierend ist die Tauch- oder Unterwasserarchäologie, die schon viele Geheimnisse unter Wasser klären konnte. So kamen Pfahlbaureste mit Bodenfunden zum Vorschein, Stege, Brücken und auch Wasserfahrzeuge. Das zeitliche Spektrum reicht dabei von der Steinzeit bis in die jüngste Vergangenheit.

Die Roseninsel im Starnberger See scheint für archäologische Tauchgänge ein unerschöpfliches Reservoir zu sein. Schon Mitte des 19. Jahrhunderts wurden die zahlreichen Pfahlreihen in ihrem Uferbereich untersucht. Von 2002 bis 2007 erfolgten weitere Tauchgänge und Sondagen. Die Roseninsel ist auch ein gutes Beispiel für die Fundbreite, die hier geborgen wird: Prähistorische Werkzeuge und Waffen, Einbäume und Kähne sowie die gefährlichen Hinterlassenschaften des Zweiten Weltkriegs.

Archäologen suchen auch unter Wasser nach Zeugnissen vergangener Zeiten.

Handelszentren und Rückzugsorte

Seit frühester Zeit verliefen Handel, Transport von Menschen und Waren und der kul-

Der schlanke Campanile von Frauenchiemsee im Gegenlicht.

turelle Austausch über die Wasserwege. Bäche, Flüsse und Seen bildeten das früheste Verkehrsnetz. Inseln waren hier gleichsam Verkehrsknotenpunkte und Umschlagplätze.

Interessant ist eine weitere ökonomische Bestimmung von Inseln, besonders weil wir sie heute noch hautnah erleben können: Eilande eigneten sich vortrefflich als Viehweiden. Zäune waren hier überflüssig, genauso wie Viehtränken. Einmal im Frühjahr auf festen Flößen oder Plätten vom Festland herübergebracht, konnte man Rinder und Schafe bis Herbst ungestört grasen lassen. Zum Schutz vor Stürmen bepflanzte man die Ufer mit Bäumen, unter denen auch die Tiere Schutz finden konnten. Diese alte Tradition der Inselweide lebt bis heute auf der Krautinsel im Chiemsee und auf der Wörth im Staffelsee weiter.

So waren es vor allem wirtschaftliche Gründe und ihre Schutzfunktion, die die Bevorzugung von Insel-Lagen erklären.

Wohnsitze der Heiligen

Es gibt aber noch eine andere Seite, die wir immer noch spüren, wenn wir eine Insel betreten. Eine mystische Seite, die vielleicht einen tief in uns schlummernden Archetypus anrührt. Inseln sind überschaubare, durch natürliche Grenzen genau abgegrenzte Orte, die wir erfassen, begreifen, umzirkeln können. Aber es sind auch abgehobene und entrückte Plätze. Kein Wunder, dass auf ihnen Kultstätten und Gotteshäuser errichtet wurden, Heiligtümer auf Inseln, fern der Welt, erst heilige Bezirke und Tempel und dann Kapellen, Kirchen und Klöster.

Inselkloster ist fast schon ein stehender Begriff geworden. Im bayerischen Oberland gibt es dafür schöne Beispiele: Die Chiem-

seeklöster und die Inselklöster Seeon und Höglwörth. Für die Verehrung, die sie bis heute genießen und für die Wallfahrten dorthin dürfen wir Kontinuität bis zurück in die ältesten Zeiten annehmen. Vorchristliche und dann von den Christen übernommene Kultinseln gab es auch im Wörthsee und im Staffelsee.

Schwere Last für eine Insel. Fast ganz bedeckt das mächtige Kloster Seeon das Eiland im Klostersee. Es ist das kulturelle Zentrum des Chiemgaus.

Insel-Legenden

Eine ganze Sagenwelt ist um Inseln entstanden: Die uralten Mythen um Atlantis, um Avalon, um das Elysium, die sagenhaften Inseln der Glückseligen, sind nicht zuletzt durch die moderne Fantasy-Welle wieder in unser Bewusstsein gerückt. Einerseits gelten Inseln als unheimliche Orte, wohin Geister verbannt werden, und als Wohnstätten von Nixen und Zauberinnen, welche die Schiffer anlocken und verhexen. Andererseits werden Inseln als heilig verehrt, weil sie von Göttern und Göttinnen aufgesucht werden, wenn sie ihre Ruhe haben wollen.

Auch in Bayern ranken sich viele Legenden um Inseln in Flüssen und Seen. Ihre ex-

Der Regenbogen über dem Ammersee zaubert mystische Momente.

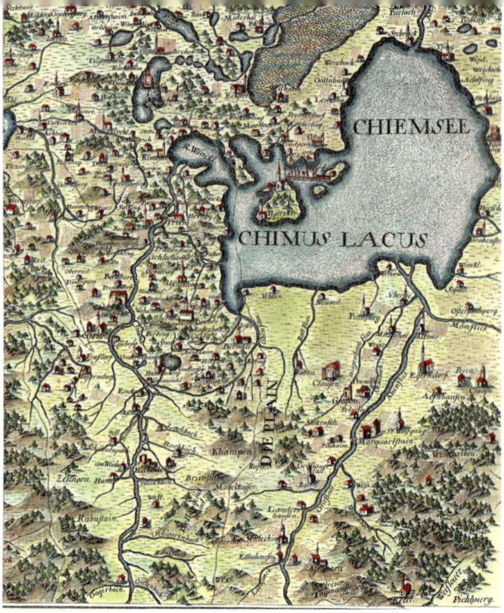

Auf alten Karten finden sich noch die lateinischen Namen, wie hier der Chimus Lacus, die getreuliche Übersetzung von Chiemsee.

ponierte topografische Lage inmitten des Wassers reizte die Volksphantasie. Was wird sich nicht alles abgespielt haben auf diesen abgeschiedenen Eilanden? Tragödien meistens, wie der Volksmund vermutete: Von Mäusen selbst übers Wasser verfolgte und aufgefressene Geizhälse, wie auf der Mausinsel im Wörthsee, oder verstoßene Gattinnen im Hungerturm, wie auf der Insel im Schliersee. Die Entstehung von Felseninseln wurde mit Riesen in Zusammenhang gebracht, die mit Steinbrocken umher warfen, oder gar mit dem Teufel selbst, wie beim Fischerfleck im Tegernsee. Um die gottgegebene Landschaft im Tegernseer Tal zu zerstören, wollte der Leibhaftige den gesamten Leonhardistein in den Tegernsee werfen. Doch riss er nur ein *Trumm* Fels ab, das ihm auch noch entglitt, sanft in den See rollte und dort liegen blieb, eben der Fischerfleck.

Diese kleine, nicht mal 2000 Quadratmeter große, unbewohnte und mit Gras und Gebüsch bedeckte Insel in der Ringseebucht, hat es immerhin geschafft, zum Schauplatz einer wüsten Raubrittersage zu werden. Auf der Insel sei einst eine Wasserburg gestanden, von der aus das gegenüberliegende Kloster malträtiert wurde. Ein besonderer Bösewicht habe den Abt gefangen genommen, ihn in einen Eisenkäfig gesteckt und übers Wasser gehängt, um Lösegeld zu erpressen. Erst ein Erdbeben ließ die Burg versinken, indem es die flache Insel schräg stellte, sodass die Burg in den Ringsee rutschte. Vom öffentlich zugänglichen Ringseestrand in Abwinkl kann man den nicht einmal 100 Meter entfernten Fischerfleck gut überblicken.

Manche Sagen deuten aber reale historische Vorgänge an, wie die Überfälle der Hunnen auf die Chiemsee-Inseln. Auch die Erzählungen von den in den tiefsten Seegrund des Chiemsees verbannten Klosterfräulein könnten einen wahren Kern haben. Moderne Märchen entstanden um Sisi und König Ludwig und deren angebliche Romanze auf der Roseninsel.

Bis in heutige Zeiten ist der Fischfang ein wichtiger Wirtschaftszweig am Chiemsee.

Einbaum, Dampfer oder Prunkschiff

Und wie erreichte man unsere Inselwelt trockenen Fußes? Brücken waren und sind selten und nur dort vorhanden, wo das Eiland nahe am Ufer liegt, wie es bei der Roseninsel oder

Im Münchner Jagd- und Fischereimuseum wird ein Einbaum aus dem Starnberger See inmitten von heimischen Greifvögeln präsentiert.

der Klosterinsel Seeon der Fall ist. Ansonsten waren Boote notwendig. Und das waren in unseren Breiten vorwiegend Einbäume. Sie wurden meist aus mächtigen Eichenstämmen gefertigt, indem man den Stamm mit Schlagwerkzeugen aushöhlte. Paddel, Ruder oder Stangen zum Staken dienten der Fortbewegung.

Einbäume sind übrigens keineswegs nur Relikte der Urzeit. Sie waren auf unseren Seen bis ins 19. Jahrhundert in Gebrauch. Weit über 100 Exemplare wurden in Bayern gefunden. Der älteste Einbaum lag vor der Roseninsel in tiefem Schlick bei einer Wassertiefe von nur einem Meter. Der 13,5 Meter lange Eichenstamm wird auf 900 v. Chr. datiert. Seine behutsame Bergung aus dem See im Jahre 1989 und die Konservierung des Holzes in einer Polyethylenlösung war ein spektakuläres Unterfangen. Aus dem Chiemsee wurden jüngst drei Einbäume geborgen. Sie stammen aus dem Mittelalter und der Frühen Neuzeit und sind im Heimatmuseum in Prien ausgestellt.

Jüngere Wasserfahrzeuge dieser Art, die ebenso im Starnberger See zum Vorschein kamen, stammen aus dem 16. bis 18. Jahrhundert. Auf Bildern und in Texten sind Einbäume noch für das 19. Jahrhundert belegt. Aus Brettern und Planken gefügte Plätten, Nachen, Zillen und Kähne waren zwar bekannt, kamen aber auf bayerischen Seen nur für besondere Lasten zum Einsatz. Für den großen Gütertransport griff man eher auf die Urform des Wasserfahrzeugs – das aus mehreren Baumstämmen zusammengebundene Holzfloß – zurück. Die Flößerei auf Loisach und Isar spielte bis zum Aufkommen der Eisenbahn Mitte des 19. Jahrhunderts eine große Rolle im Transportwesen.

Im Barockzeitalter wurde es für den kurfürstlichen Hof schick, Lust- und Jagdpartien auf dem Starnberger See – oder auch Herren- oder Fürstensee – zu veranstalten. Dazu wurden venezianische Gondeln zu Wasser gelassen. Die Hoheiten selbst vergnügten sich auf dem geradezu monumentalen Prunkschiff *Bucentaur*. Doch diese hochherrschaftliche Episode blieb ohne Auswirkungen auf den Schiffsbau der Fischer und Fährleute.

„Vor Seeshaupt" nannte der Künstler vom Ende des 19. Jahrhunderts sein Fischeridyll.

Drei der bisher sechs bekannten Einbäume bzw. Einbaumfragmente, die man im Chiemsee gefunden hat, werden im Heimatmuseum in Prien aufbewahrt.

Moderne Fahrgastschiffe befördern Touristen über den Chiemsee zu den Inseln.

Die an manchen Tagen fast unübersehbare Menge von weißen Segeln auf den bayerischen Seen täuscht übrigens über die Tatsache hinweg, dass Segel früher wegen der unberechenbaren Berg- und Föhnwinde und aufgrund ihrer schwierigen Handhabung nur selten zum Einsatz kamen. Sportsegeln mit Jollen und Yachten ist eine moderne Errungenschaft und kam in großem Stil erst seit dem Ende des 19. Jahrhunderts auf. Vorherrschend blieb bis zur Motorisierung der Einsatz von Rudern.

Die (Dampf-) Schifffahrt floriert auf den oberbayerischen Seen bis heute. Ein erster Steamer – ein nach englischem Vorbild mit einer Dampfmaschine betriebenes Schiff – kreuzte schon 1845 auf dem Chiemsee. Die reguläre Schifffahrt nahm von Prien aus im Jahr 1859 mit einem eisernen Schaufelraddampfer ihren Betrieb auf. 1851 begann die Dampfschifffahrt auf dem Starnberger See mit dem Salonraddampfer *Maximilian*, der 300 Passagiere aufzunehmen vermochte. Den Ammersee durchpflügte 1879 das erste Dampfboot. Der reguläre Schiffsverkehr von Herrsching aus wurde 1906 aufgenommen.

Die oberbayerische Schifffahrt diente von Anfang an der Passagierbeförderung und dem Fremdenverkehr. Auch das wittelsbachische Königshaus bediente sich der neuen maschinenbetriebenen Schiffstechnik. König Ludwig II. taufte sein Leibschiff *Tristan*. Drei livrierte Matrosen schaufelten Kohlen in den Heizkessel, um den am Bug sitzenden Monarchen über den Starnberger See zu fahren.

Die Chiemseeinseln Frauen- und Herreninsel werden von der regulären Chiemsee-Schifffahrt mit modernen Fahrgastschiffen angefahren. Von Gstaad aus besteht zudem ein Pendelverkehr nur zur Fraueninsel. Von 1968 bis 2002 war hier die Fähre *Kampenwand* im Einsatz, die ein merkwürdiges Schicksal erfuhr. Nachdem sie 2002 an eine Baufirma veräußert worden war, sank sie im Dezember 2009 urplötzlich, nachdem sie sich – glücklicherweise leer – von ihrem Ankerplatz losgerissen hatte. Das Wrack wurde 2010 in 17 Meter Tiefe geortet und vom Chiemseegrund gehoben.

Wie der Himmel, so die Flagge: Weißblaue Idylle auf dem bayerischen Meer vor der Kulisse der Chiemgauer Berge.

Inseln im Bayerischen Meer

Die Insel Frauenchiemsee mit dem gleichnamigen Kloster. Von Gstadt links am Ufer gibt es einen Pendelverkehr hinüber.

Bayerische Ideallandschaft

Pfahlbauten und eine römische Straßenstation – Jahrtausendealte Kulturgeschichte am Chiemsee

Gleich hinter dem Ufer ragen die Chiemgauer Berge in den Himmel, rechts die Kampenwand.

Der Chiemsee am Fuß der Voralpen ist Bayerns größter See. Unter Deutschlands Gewässern steht er, nach Bodensee und der Müritz, an dritter Stelle. 82 Quadratkilometer misst die Fläche des Bayerischen Meeres, 74 Meter ist er an seiner tiefsten Stelle. Will man ihn umrunden – am besten mit dem Radl – stehen einem 65 Kilometer aussichtsreicher Fuß- oder Radweg bevor. Drei Inseln ragen aus ihm heraus: Fraueninsel, Krautinsel und Herreninsel.

Die Umgebung des Chiemsees präsentiert eine Ideallandschaft aus Bergen, kleinen Seen, grünen Hügeln und rauschendem

Ried. Menschen siedelten hier schon seit frühesten Zeiten. Es waren die Inseln, die sie besonders anzogen. Auf der Krautinsel wurde ein jungsteinzeitlicher Pfahlbau aus dem ersten Viertel des 4. Jahrtausends entdeckt. Vorgeschichtliche Handelswege führten vom Mittelmeerraum über die Alpen bis in den Chiemgau und brachten mediterrane Kulturpflanzen, Güter und schließlich die Metallverarbeitung nach Südbayern. Es folgten die Kelten, auf die die Erdwälle einer befestigten Siedlung auf der Herreninsel zurückgehen.

In Seebruck erbauten die Römer eine Brücke über die Alz und unterhielten eine Straßenstation, die sie *Bedaium* nannten. Grundmauern auf dem Kirchenhügel und das höchst anschauliche Römermuseum mit seinen 500 Exponaten künden davon. Bedaius war der keltische Wassergott, der für den Chiemsee zuständig war. *Lacus Bedaius*, so nannten die Römer den See. Seltsam, dass auf den Inseln keine römischen Überreste nachweisbar sind. Schließlich sind die Römer dafür berühmt, dass sie für ihre Tempel wie auch für ihre luxuriösen Villae rusticae (römische Gutshöfe) immer besondere Plätze in der Landschaft ausgesucht haben.

Von den Bajuwaren, und unter ihnen ein sagenhafter Gaugraf namens Chiemo, soll der See seinen Namen erhalten haben. Im Mittelalter entstand an seinen Gestaden eine Fülle von sakralen und profanen Kunstdenkmälern: Klöster, Kirchen und Burgen.

Hohe Anziehungskraft übten die zwei größeren Inseln aus: Die Fraueninsel, benannt nach dem dortigen Nonnenkloster, und die größere Herreninsel mit dem Augustinerchorherrenstift. König Ludwig II. wählte schließlich die Herrenwörth für seinen Prachtbau aus, das *Bayerisches Versailles* genannte Schloss Herrenchiemsee.

Prien-Stock, Gstadt, Seebruck, Chieming und die Frauen- und Herreninsel werden von der Chiemsee-schifffahrt angelaufen.

Insel der Seligen – Frauenchiemsee

Die Agilolfinger als fromme Stifter und die selige Irmingard, Schutzpatronin des Chiemgaus

Abgeschieden von der Welt leben die Benediktiner-Nonnen hinter mächtigen Klostermauern auf der Fraueninsel.

Die Insel misst zwölf Hektar oder anschaulicher gesagt: 600 Meter Länge und 300 Meter Breite. Davon nimmt der Klosterbezirk etwa ein Drittel der Fläche ein. Mit knapp 300 Einwohnern und 50 Hausanwesen ist das kleine Eiland relativ dicht besiedelt und die einzig ständig bewohnte Insel in Bayern. Sieben hauptberufliche Fischer fahren von hier aus auf den See und bringen Renken, Zander und Brachsen in die Räucherkammern. Seltenheitswert besitzt der Perlfisch, der bis achtPfund schwer werden kann. Am Chiemsee heißt er immer noch Frauenfisch, weil er früher der Äbtissin höchstpersönlich überreicht werden musste.

Die Agilolfinger Herzöge waren fromme Männer und stifteten beide Klöster im Chiemsee. Das Bild zeigt Tassilo III. auf dem Kreuzaltar in Polling.

Geistliches Zentrum im See

Aus der Sippe der Agilolfinger – angeblich kommt daher der bayerische *Gloiffe* – entsprossen die ersten bayerischen Stammesherzöge. Darunter mehrere Herrscher mit dem schönen Namen Tassilo. Tassilo I. (593 bis 610 n. Chr.) ist der zweite namentlich bekannte Bayernherzog überhaupt. Tassilo II. regierte von 716 bis 719 n. Chr., sein Nachfolger hieß Odilo, dessen Sohn Tassilo III. (746 bis 788 n. Chr.) war der letzte selbständige bayerische Stammesherzog, bevor er von Karl dem Großen wegen Unbotmäßigkeit ins Exil verbannt wurde. Mit Liutberga, der langobardischen Königstochter, verheiratet, stand ihm eigentlich eine glänzende Karriere bevor. Allerdings hatte er sich mit dem Frankenkönig und späteren Kaiser Karl den falschen Gegner ausgesucht.

Den Bayern blieben die Tassilos als fromme Stifter im Gedächtnis. Auf die Initiative eines

Kopie des Kremsmünsterer Tassilo-Kelchs im kleinen Torhallenmuseum der Fraueninsel.

Ein schöner Rundwanderweg und ein Diagonalweg erschließen die Fraueninsel. Auf dem Luftbild ist rechts unten inmitten einer Untiefe auch das kleine Eiland Schalch zu erkennen.

(oder beider) dieser Namensträger gehen jedenfalls die zwei Chiemsee-Klöster zurück. Die Überlieferung nennt für das Frauenkloster mehrere Daten, 766, 772 und 782 n. Chr. Für Herrenchiemsee galt lange Zeit die vage Angabe der Historiker um 770 n. Chr. Demnach wären beide Klostergemeinschaften etwa gleichzeitig ins Leben gerufen worden. Gegenwärtig herrscht wieder die Meinung vor, das Männerkloster auf Herrenchiemsee wäre schon unter dem Tassilo I., also im ersten Drittel des 7. Jahrhunderts gegründet worden. Aber sicher ist das nicht.

Auf der Fraueninsel sind die historischen Verhältnisse etwas klarer. Nach Tassilos III.

unfreiwilligem Abgang wurde das Nonnenkloster zu einem karolingischen, also königlichen, Reichsstift erhoben. Zusammen mit dem benachbarten Mönchskloster auf Herrenchiemsee stellte es das bedeutendste und größte geistliche Zentrum Bayerns dar. Allein für das 9. Jahrhundert sind uns 200 Personennamen von Ordensmännern und -frauen aus dem Chiemseeraum urkundlich bekannt.

Einen geistigen und kulturellen Höhepunkt ereichte die Frauenabtei Mitte des 9. Jahrhunderts unter der Äbtissin Irmingard. Sie war die zweitälteste Tochter König Ludwigs des Deutschen und somit eine Urenkelin

Ein Fresko in der Torhalle von Frauenchiemsee: In leuchtenden Farben drückten die Maler des Mittelalters ihre Frömmigkeit aus.

Kaiser Karls des Großen. Als Todesdatum ist 866 überliefert. Seit 1928 wird sie von der katholischen Kirche als Selige verehrt. Der Bevölkerung gilt sie als Schutzpatronin des Chiemgaus.

Tor in eine andere Welt

Aus ihrer Zeit stammt die kunsthistorisch bedeutsame Torhalle aus unverputztem Tuffstein, eines der ältesten erhaltenen romanischen Bauwerke Bayerns überhaupt. Der Torbau gewährte einst Einlass in die karolingische Königspfalz neben dem Klosterbezirk und zeugt vom hochherrschaftlichen Rang der Abtei. Das Obergeschoss über dem Rundbogentor birgt ein kleines Museum mit karolingischen Baufragmenten. Eindrucksvoll sind die fast lebensgroßen Wandbilder der Erzengel, die mit ausgebreiteten Flügeln auf den Betrachter herabblicken. Wenn man den gewölbten Tordurchgang durchschreitet, könnte man sich fast in einer anderen Welt wähnen – so phantastisch wirkt der Blick auf den Münsterturm, den zu seinen Füßen ruhenden Inselfriedhof und auf das dahinter liegende romanische Kirchenportal mit seinen Pfeilern, Säulen und rätselhaften Skulpturen.

Schwere Zeiten erlebte das adlige und deshalb reich ausgestattete Stift während der Ungarnstürme. Die gesamte erste Hälfte des 10. Jahrhunderts wurde Südbayern von den Streifzügen der damals noch heidnischen Ungarn heimgesucht. Die nomadischen Reiterkrieger aus der Steppe verbreiteten Angst und Schrecken und wurden von den Bayern mit den Hunnen der Völkerwanderungszeit gleichgesetzt. In die bayerische Volkspsyche haben sich die Verheerungen dieser Zeit so tief eingegraben, dass sich eine eigene Sagenwelt um die Kämpfe mit den vermeintlichen Hunnen herausgebildet hat.Erst mit dem Sieg Kaiser Ottos des Großen auf dem Lechfeld im Jahr 955 n. Chr. war die Gefahr aus dem Osten gebannt.

Vielleicht geht die bayerische Redewendung *Hund' san's scho* oder *A so a Hund* auf die

Hunnen zurück. Schließlich hatten sie sich als äußerst schnelle und bewegliche Gegner erwiesen und nötigten den Bayern durchaus Respekt ab.

Um 910 n. Chr. rollte die erste Angriffswelle der berittenen Krieger heran. Ein Ziel war das reiche Kloster der adligen Nonnen im Chiemsee mit seinen goldenen und silbernen Monstranzen, Pokalen, edlen Gewändern und

In die zweite Hälfte des 9. Jahrhunderts wird die karolingische Torhalle datiert. Über dem runden Torbogen ist im Obergeschoss ein kleines Museum eingerichtet.

nicht zuletzt den hohen Frauen selbst. Eine leichte Beute, zumal die schwerfälligen bayerischen Kriegsaufgebote die geschwinden Reiter einfach nicht zu fassen bekamen. Ausgrabungen auf der Fraueninsel in den Jahren 1961 bis 1965 ergaben im Bereich des Münsters in der Tat mächtige Schichten von Brandschutt, die ins frühe 10. Jahrhundert weisen und die Zerstörung des Klosters durch die Ungarn beweisen.

Irmingard auf dem Weg zu iher neuen Wirkungsstätte als Äbtissin im Kloster Frauenchiemsee.

Das Nonnenkloster auf der Fraueninsel knüpfte bald nach dieser gewaltsamen Heimsuchung wieder an die große alte Tradition an und blühte vor dem Jahr 1000 wieder auf. Seit dem 15. Jahrhundert bildete die Fraueninsel zusammen mit dem Uferort Gstadt eine Hofmark, ein nahezu unabhängiges Gemeinwesen, das sich selbst verwaltete und wirtschaftlich autark war.

Die heutigen Konventsbauten zeigen alle Stilrichtungen des Mittelalters und der Neuzeit: Romanik des 10. und 11. Jahrhunderts, Gotik aus dem 15. Jahrhundert und barocke Überformungen des 18. Jahrhunderts. Wer auch das im gleißenden Hochsommer in mystisches Dunkel gehüllte Kircheninnere betritt, spürt sofort, dass es sich hier um ein lebendiges, nach wie vor tief verehrtes Hei-

Die Münsterkirche mit der Grablege der Seligen Irmingard (gest. 866) geht auf das 11. Jahrhundert zurück. Im 15. Jahrhundert kamen gotische Stilelemente hinzu.

ligtum handelt. Die Reliquien der Seligen Irmingard befinden sich in einem funkelnden Glaskristallschrein im Altar der Irmingard-Kapelle. Eine Vielzahl von Votivtafeln kündet von Trost, Halt, Rettung und erhörten Fürbitten.

In der Weihnachtszeit wird die berühmte Große Frauenwörther Krippe aufgestellt. Uns treten dann wundervoll geschnitzte, barocke, bis zu 80 Zentimeter große Figuren entgegen, bunt bemalt und farbenprächtig eingekleidet. Drei Szenen – die Geburt Christi samt Anbetung der Hirten, die Heiligen drei Könige und die Hochzeit zu Kanaa – werden zeitlich nacheinander von Weihnachten bis Anfang Februar inmitten wechselnder Phantasielandschaften angeordnet.

Trotz der Touristenströme gehen die Nonnen ruhig ihrem Tagwerk nach.

Der Chiemsee-Campanile

Der Münsterturm gilt als das Wahrzeichen des Chiemgaus schlechthin. Er diente als Glockenturm, als Ausguck und kann seine

Der Münsterturm diente als Ausguck, Glockenträger und auch zur Verteidigung, falls sich Feinde näherten. Die achteckige Gestalt gilt als Symbol der Vollkommenheit.

Wehrhaftigkeit trotz der behäbigen Zwiebelhaube kaum verbergen. Schlank reckt er sich 36 Meter in die Höhe und blickt mit seinen großen Schallöffnungen über See und Land. Die italienische Bezeichnung *Campanile* trifft zu, steht er doch frei neben Kirche und Konvent. Schon seine achteckige Form weist auf seine besondere Bedeutung hin, schließlich gilt das Oktogon als heiliges Symbol der Vollkommenheit und Symmetrie.

Der fest gemauerte Turm entstammt dem 11. Jahrhundert und sollte in feindlichen Zeiten die Klosterschätze aufnehmen. Auch die Ordensfrauen konnten sich hierher flüchten und Widerstand leisten. Der ehemalige Einstieg in das vier Meter hoch gelegene Obergeschoss war nur über eine Holzkonstruktion an der Südseite möglich. Romanische Rundbogenblenden und Rautenmuster zwischen dem dritten und fünften Obergeschoss zieren den Turm. Das oberste Glockenstockwerk mit den gotischen Fenstern wurde 1395 aufgesetzt. Seit 1572 mildert die freundliche Dachzwiebel den Wehrcharakter des Turmes.

Melancholie am Abend

Dass die Insel ein boomendes Freizeit- und Urlaubsziel ist, lässt sich nicht verhehlen. Die Touristen, ganz überwiegend Tagesbesucher, strömen von Gstadt und von Herrenchiemsee herüber. Ludwig Thomas hymnische Wertung der Insel als einen Ort, „wo Frieden und Feierabend sich tiefer ins Herz senken, als anderswo auf der Welt", stimmt leider nicht mehr. Jedenfalls nicht mehr an schönen Sommer- und Herbsttagen, wenn kaum mehr ein Plätzchen in den Biergärten zu finden ist. Aber man kann dem Trubel durchaus entgehen. Verlässt das letzte Linienschiff am frühen Abend die Insel, so breitet sich schlagartig Ruhe und Stille aus. Die Einheimischen gehen nach dem lauten Tag entspannt ihrer abendlichen Beschäftigung nach, und wer jetzt einkehrt wird fast als Insulaner behandelt. Spaziergänger hören im Sonnenuntergang plötzlich den Wind, das Rauschen der Linden und den Wellenschlag am Ufer, und aus dem Kloster klingen mitunter Gesänge und Gebete, die einem eine Ahnung der Spiritualität vermitteln, die der Insel der Seligen ohne Zweifel zukommt.

Zarte Morgenröte über dem winterlichen Chiemsee.

Die Nacht taucht den Campanile in eine romantische Stimmung.

Es gibt mehrere Möglichkeiten, diese außergewöhnliche Abendstimmung genießen zu können: Mit einem Wassertaxi einen späteren Abfahrtstermin vereinbaren, einen Inselbewohner fragen, ob er einen später übersetzt, oder ganz einfach, eine Übernachtung bei den Inselwirten oder im Gästehaus des Klosters suchen.

Modernes Klosterleben

Wer länger bleiben will, dem steht ein vielfältiges Programm zur Auswahl. Die Ordensfrauen widmen sich nämlich der Erwachsenenbildung und bieten Seminare zu den wichtigen Fragen und Problemen des Lebens. Dem dienen Einkehr- und Besinnungstage, Exerzitien und Meditationen.

Vorbehaltlos öffnet sich der Konvent den Bedürfnissen der modernen Zeit. So bot das Kloster noch lange nach dem Ende des Balkankriegs traumatisierten Familien aus den Kriegsgebieten Zuflucht und Hilfe.

Klosterwirt, Klosterladen und Gästehaus bilden das profane, wirtschaftliche Standbein, das auch den Besuchern zugute kommt, abgerundet durch Likörkellerei, Marzipanwerkstatt, Lebzelterei und eine Spalierobstanlage. Das Kloster Frauenchiemsee repräsentiert zu Beginn des 21. Jahrhunderts einen florierenden mittelständischen Wirtschaftsbetrieb mit 30 Mitarbeiterinnen und Mitarbeitern, die an dem zentralen Grundsatz des benediktinischen Lebens festhalten, bereitwillig Gäste willkommen zu heißen: „Unsere Gäste sind eingeladen, im Gästehaus, im Seminarhaus, im Klosterladen und beim Klosterwirt einzukehren, einen Kurs zu besuchen, in der Kirche zu verweilen, oder an unseren Gebeten teilzunehmen und seelisch aufzutanken."

Laut geht es manchmal zu, wenn sich die Besucher beim Klosterwirt stärken.

Still ruht das Kloster zwischen Blässhühnern und schneebedeckten Bergen.

Romantische Maler bedienten sich gerne des Motivs „Kampf mit der wilden Natur".

Motiv für Maler und Dichter

Im Zeitalter der Romantik fühlten sich besonders Landschaftsmaler und Poeten von der Idylle der Insel angesprochen. Victor von Scheffels Chiemseer Gedichtzyklus „Seebilder" ist ein gutes Beispiel für die eigentümlich anrührende Landschaftslyrik der Epoche des Biedermeier.

Schweigsam treibt ein morscher Einbaum
Klar und ruhig liegt der See
Purpurwarme Abendschatten
färben der Gebirge Schnee.

Eines Eilands Klosterhallen
Dämmern aus der Flut empor
Aus dem grauen Münster schallen
Glocken zu der Nonnen Chor.

1828 wurde die Künstlerkolonie der Fraueninsel ins Leben gerufen. Zu ihrer Gilde zählten das ganze 19. Jahrhundert hindurch bedeutende Namen wie die Malerfürsten Hermann Kaulbach und Wilhelm Leibl und die Schriftsteller Ludwig Steub, Felix Dahn und Victor von Scheffel. Alle gefolgt von einem Tross dilettierender Kunstgewerbler und seltsamen Exzentrikern aus der Münchner Boheme. Sie besangen und porträtierten den See in all seinen Schattierungen, die verwunschenen Inseln und die auch heute noch wunderbare Kulisse von Kampenwand, Hochgern und Hochfelln. Ihr Stammlokal war der Gasthof Zur Linde. Die einheimischen Bauern und Fischer nahmen das städtische Künstlervölkchen achselzuckend auf. Schließlich verdienten sie an ihnen durch Fährdienste, Kost und Logis.

Das Chiemsee-Bockerl: Kleine Dampfeisenbahn auf schmaler Spur.

Inselinfos: Zwischen Komtemplation und Idylle

Schon die Anfahrt ist ein Erlebnis: Der *Feurige Elias* dampft, keucht, pfeift und ruckelt vom Bahnhof Prien hinaus zum Chiemseehafen Stock. Seit 1887 ist das Chiemsee-Bockerl, die älteste dampfbetriebene Schmalspurbahn Deutschlands, unterwegs. Und wenn man Glück hat, wartet im Hafen der Schau-

Das Gemälde von Wilhelm Trübner (1851 bis 1917) zeigt den Bootssteg auf der Herreninsel und im Hintergrund die Umrisse der Fraueninsel.

Gemälde im Exter Museum im Haus des Malers Julius Exter in Übersee am Chiemsee – das Haus des expressionistischen Malers war zugleich Sitz seiner europaweit bekannten Malschule.

felraddampfer *Ludwig Feßler*, das stolze historische Flaggschiff unter den elf Passagierschiffen der Chiemsee-Flotte, und durchpflügt mit uns die Chiemseewogen. Seit 2002 versieht die moderne Fähre *Frauenwörth II* ihren Dienst.

Von den beiden Schiffsanlegestellen aus erreicht man sofort den Inselrundweg. Klar, dass auf der Insel keine Autos – und übrigens auch keine Fahrräder – erlaubt sind. Der Inselweg folgt der gesamten Uferlinie und gewährt immer neue Ausblicke auf See und Voralpenland. Wer will, braucht dafür nur 25 Minuten, aber es gibt viel zu viel Plätze zum Verweilen und Ausschau zu halten: farbenprächtige Blumenrabatten, duftende

Schon zu Beginn des 20. Jahrhunderts war der Chiemsee eine beliebte Urlaubsregion – zwei Urlauberinnen in der Sommerfrische.

Kräutergärten, Töpferwaren, Räucherfische, zum Trocknen aufgespannte Netze und Reusen, an Land gezogene Nachen und Boote, die sich im Flachwasser wiegen.

Ein Querweg durchmisst die Insel und führt über die acht Meter hoch gelegene Lindenhöhe mit uraltem Baumbestand. Dort hält man inne und überlegt sich, welches der fünf Insel-Wirtshäuser man diesmal besucht. Gelegenheit zum Baden bietet das intime Strandbad beim Inselwirt. Man kann dort auch Elektro-, Tret- und Ruderboote mieten.

Winterliche Idylle ohne menschliche Spuren.

In der Adventszeit findet an den Wochenenden ein origineller Christkindlmarkt statt. Im Sommer gibt es in der Torhalle des Klosters regelmäßig Ausstellungen über verschiedene Chiemseemaler.

Der schönste Blick auf die Insel eröffnet sich vom Festland aus, nämlich von der kleinen, auf einer Anhöhe liegenden Schalchenkapelle bei Gstadt. Die Kapelle gehört zum ländlichen Wirtshaus Schalchenhof.

Mythen, Mönche und der Märchenkönig

Mönchszelle, Fliehburg, Augustinerkloster, Bierkeller und schließlich das Bayerische Versailles

Herrenchiemsee ist die größte Insel im ganzen bayerischen Oberland. Links daneben die Krautinsel und die Fraueninsel.

Die Herreninsel ist mit ihren 238 Hektar und ihren Ausmaßen von 2,5 mal zwei Kilometer die weitaus größte Insel im Chiemsee, ja im Bayerischen Oberland überhaupt. Dafür ist sie mit 18 ständigen Bewohnern kaum besiedelt – obwohl die 10 000 Besucher, die an manchen Tagen den Schiffen entsteigen, einen anderen Eindruck vermitteln könnten. Ein dichter Schilfgürtel legt sich um die Insel, Gehölz und Gestrüpp begleiten Ufer und Verlandungszonen. Im Inneren breiten sich Laubwälder, Forste und Mooswiesen aus, dazu der gepflegte Schlosspark und ein Wildgehege. Wildromantisch präsentiert sich das Südufer mit einer zwei Kilometer langen Steilküste, die 25 Meter tief zum See abfällt.

Rätsel der bayerischen Frühgeschichte

Ob ein archäologisch für das 7. Jahrhundert nachgewiesener Holzbau auf der Herreninsel wirklich eine erste Cella, eine Mönchszelle, gewesen ist, und ob im gleichen Jahrhundert dort bereits ein Benediktinerkloster bestanden hat, verliert sich in der Dämmerung der bayerischen Frühgeschichte. Die frühen Schriftquellen sprechen nur von den Chiemseeinseln allgemein und unterscheiden noch nicht zwischen Herren- und Fraueninsel. Das urkundlich genannte, von Herzog Tassilo gegründete Benediktinerkloster kann auch auf der Fraueninsel gestanden haben. Doch sprechen jüngst ausgegrabene Grundmauern im Bereich des heutigen *Alten Schlosses* für einen Klosterbau auf Herrenchiemsee schon im 8. Jahrhundert.

Ein seltener Anblick: Eisvergnügen auf dem zugefrorenen Gewässer vor Herrenchiemsee.

Fresko von Papst Innozenz III. (1160 bis 1216) Gründer des Bistums Chiemsee.

Fliehburg gegen die ungarischen Reiterscharen

Und noch ein anderes Zeugnis gibt es: Die mächtigen Erdwälle und Gräben im Südwestbereich der Herreninsel. Dort finden wir eine ausgedehnte Wall-Graben-Anlage, die das Hinterland auf einer Länge von 800 Metern und einer Breite von 200 Metern zum See hin abschließt. Das Gestade besteht hier aus einem steil abfallenden Hochufer. Besonders ausgeprägt ist die Ostflanke. Die dem Landesinneren zugewandte Toranlage in Zangenform ist noch besonders gut zu erkennen. Die Gesamtanlage ist in sich durch Abschnittswälle mehrfach kammerartig unterteilt.

Funde im Inneren der Wallburg deuten auf Besiedlung in der Urnenfelder- und Hallstattzeit hin. Die Kelten wären also die ersten Erbauer gewesen. Eineinhalb Jahrtausende danach, Ende des 9. Jahrhunderts, entstand zuerst in der äußersten Südwestecke der Umwallung die kleine Sankt-Martinskirche. Ein mittelalterlicher Nachfolgebau dieser Kirche wurde 1778 abgebrochen. Interessant ist, dass die gesamte prähistorische Wallanlage Anfang des 10. Jahrhunderts wieder hergestellt und in Betrieb genommen wurde.

Es muss also etwas zu schützen gegeben haben in den unruhigen Zeiten des frühen Mittelalters: Menschen, Vieh und Wertgegenstände. Das können nur Klosterschätze gewesen sein, auf die es die seit 895 einbrechenden Reiterscharen der Ungarn abgesehen hatten. Zum Schutz vor ihren Überfällen wurden in ganz Südbayern Fliehburgen angelegt, in denen sich die bedrohte Bevölkerung verschanzen konnte. So diente auch dieser von der Natur am besten geschützte Bereich wohl beiden Chiemseeklöstern als Rückzugsort. Ob sich Mönche und Nonnen von der benachbarten Fraueninsel beim Ungarneinfall hierher retten konnten, wissen wir nicht.

Blumen zaubern bunte Farbkleckse vor das Schloss.

Die in der Luftaufnahme deutlich erkennbare, schnurgerade Sichtachse erlaubt einen direkten Blick vom Schloss zum Ufer nach Prien.

Geistliches Zentrum der Augustiner-Chorherren

Die Grundsteinlegung für den Klosterbau und die Basilika der Augustiner-Chorherren erfolgte um 1130. Im Laufe der Jahrhunderte entstand ein weitläufiger Klosterkomplex, der im 15. Jahrhundert im Stil der Gotik und im 17. Jahrhundert barock umgestaltet wurde. Das Ende kam mit der Säkularisation 1803, die in Bayern durchaus revolutionär verlief. Die Domkirche wurde zum Bräuhaus umfunktioniert, Türme und Seitenkapellen niedergerissen, in der Gruft ein Bierkeller eingerichtet. Nur vor dem Ostflügel des Klostertrakts, der im 17. Jahrhundert barock umgebaut worden war, machte die Spitzhacke halt. Beschönigend nannte man den Baurest

Schloss, um ihn weiter an Bierbrauer und Holzhändler verscherbeln zu können. Immerhin blieben wenigstens der im Jahr 1700 ausgeschmückte Kaisersaal und der Bibliothekssaal mit frühem Rokokodekor bestehen.

Königsschloss auf Herrenchiemsee: Eine Vision von Versailles

1873 erwarb König Ludwig II. die gesamte Insel mit den ehemaligen Klostergebäuden und ließ sich dort Privaträume einrichten. Schwermut und der Drang nach Einsamkeit, aber auch der Wunsch, dem weiteren Raubbau an der Insel Einhalt zu gebieten, hatten ihn dazu bewogen. Zeitlebens war der rastlose Kini auf der Suche nach Ruhe und Kontemplation fern des Alltagsbetriebes. Wo konnte er das finden? Auf Bergeshöh'n am Alpenrand, in abgelegenen Tälern und eben auf abgeschiedenen Inseln. Das vom Chiemsee umflutete Herrenwörth, damals weltentrückt, bot sich ihm an.

Und dazu kam nun ein anderer Gedanke: Der Bau eines Neuen Schlosses. Seit 1878 liefen die Bauarbeiten dazu, das frühere Kloster heißt seither Altes Schloss. Im königlichen Speisesaal des Alten Schlosses tagte im August 1948 der Verfassungskonvent zur Vorbereitung des Grundgesetztes der Bundesrepublik Deutschland. (Inschrifttafel an der Ostseite). Die Gebäudeteile sind als Museum zugänglich. Das 1737 bis 1740 erbaute Klosterseminar überlebte bis 1900 als Getreidespeicher. Heute befindet sich dort das Schloss-Restaurant mit schöner Terrasse, das sich direkt über dem Landungssteg erhebt.

Etwa im Mittelpunkt der Insel ließ Ludwig II. sein Neues Schloss Herrenchiemsee errichten. Die Bauarbeiten zogen sich von 1878 bis 1885 hin. Fasziniert vom absoluten

Im königsblauen Ornat und weißen Hermelin ließ sich König Ludwig II. besonders gerne malen.

Wer genau hinschaut, entdeckt immer wieder kleine Spielereien in der Stuckatur.

Herrschertum des französischen Sonnenkönigs Ludwigs XIV. (1643 bis 1715) sollte Schloss Versailles als Vorbild dienen. Zweimal, 1867 und 1874, hatte er selbst diese gewaltige barocke Schlossanlage nahe Paris für den Bau des Schlosses studiert. Nach mehrfachen Projekten und Planungsänderungen wurde im Mai 1878 der Grundstein gelegt. Der Bau sollte Versailles nicht detailgetreu kopieren, sondern in Anlehnung daran entstehen.

Der Gedanke, ältere Baustile nachzuahmen, war dem industrialisierten 19. Jahrhundert keineswegs fremd. Auf den Klassizismus der Napoleon-Ära folgten in der Architektur Romantik und Historismus. Romanik und Gotik feierten als Neoromanik und Neugotik in Domen und Kirchen ihre Wiederkehr. Reiche Bürger bauten ihre Villen im Neorenaissance-Stil und Fabriken wurden als altdeutsche Ritterburgen verkleidet. Künstler und Architekten vermengten alle möglichen Stilelemente. König Ludwigs historistische Bauwerke wie das neubarocke Herrenchiemsee fielen also nicht aus dem Rahmen des zeit-

Brunnen mit kunstvoll gearbeiteten Figuren und Wasserspielen gehörten natürlich in solch einen königlichen Park.

genössischen Kunstempfindens. Nach Neuschwanstein (begonnen 1869) und Linderhof (1870) sollte Herrenchiemsee die Krönung der Schlösser-Trilogie bilden. Wie alle seine Bauvorhaben dienten sie nicht der Hofhaltung, sondern der Staffage, ja als Bühne für die Inszenierung der eigenen Person. Möglichst weit von den realen politischen Alltagsgeschäften entfernt, versuchte der König in die Scheinwelt der absoluten Monarchie, die seit 150 Jahren nicht mehr bestand, zu entfliehen.

Schloss Versailles war das Vorbild, doch Herrenchiemsee sollte nicht einfach nur eine Kopie werden.

Königliche Kahnfahrten im Mondenschein

Trotz der Schwierigkeiten wie den Transportproblemen über den See und schwankender Fundamente war bereits 1883 der Rohbau fertig gestellt. Ludwig unternahm dazu nächtliche Inspektionstouren per Gondel.

Der Spiegelsaal ist mit 98 Metern Länge größer als sein Vorbild, die Galerie des Glaces, in Versailles.

Seine heimlichen Besuche auf der Insel, nur begleitet vom leisen Ruderschlag eines zum Schweigen verpflichteten Gondoliere, haben die Volksphantasie mächtig angeregt. Im Gutshof Lambach habe er zunächst gespeist und getrunken, bevor er den Steg betrat. Das ist durchaus glaubhaft, beliebte der Märchenkönig doch, nach Anbruch der Dunkelheit zuckrige Süßspeisen und schwere Südweine zu sich zu nehmen. Bei Mondlicht soll des Königs kleine Barke übers Wasser geglitten sein, und er selbst sei nur als Schemen erkennbar gewesen. Auf der Insel habe man dann den Schein von Laternen und Fackeln wahrgenommen, und dazu das Wiehern der Kutschpferde.

Der Innenausbau ging zunächst zügig vorwärts. In vier Jahren wurden das Treppenhaus, die Parade- und die Wohnräume kostbar ausgestattet. Die gesamte Anlage konzentrierte sich, wie in Versailles, auf das allerhöchste Schlafzimmer hin. Dahinter dehnt sich der 98 Meter lange Spiegelsaal aus, in den Dimensionen größer als sein Vorbild, die Galerie des Glaces in Versailles! 17 großformatige Spiegel warfen das Licht von 1848 Kerzen auf 44 Kandelabern und 33 Lüstern in den Raum und durch die Fensterfront. Auch in anderer Hinsicht wurde das französische Königsschloss übertroffen: So ist vieles, was in Versailles bereits zerstört oder verloren war, nach alten Stichen und Gemälden rekonstruiert worden, wie die *Escalier des Ambassadaeurs* (die Gesandtentreppe). Auch das Paradeschlafzimmer fiel weitaus prächtiger aus als das des Sonnenkönigs. Das 3 mal 2, 60 Meter messende Bett unter dem Baldachin aus rotem Samt, der verschnörkelte Waschtisch und die Toilettengarnitur waren übrigens nie für den realen Gebrauch konzipiert worden, sondern sollten das französische Hofzeremoniell symbolisieren. Für sich selbst ließ Ludwig ein blaues Appartement als Ruheraum herrichten. Es gleicht einer Art Einliegerwohnung innerhalb der Prunk- und Schauräume.

Eingelegte Fußböden, geschnitzte Vertäfelungen, Stuckverkleidungen, Vergoldungen, Wand- und Deckengemälde, Skulpturen und Möbel zeugen von der verschwenderischen Prunkliebe des bayerischen Märchenkönigs,

Für den Ausbau wurden nur edelste Materalien, wie zum Beispiel Blattgold, verwendet.

Jagdhunde im Innenhof? Ludwig II. verabscheute doch die Jagd – ganz im Gegensatz zu seinem Vater Max II.

zu der er die besten Kunsthandwerker seiner Zeit heranzog. Zur Anwendung kamen, wie in Neuschwanstein, auch modernste Techniken, wie das Glasdach mit Stahlkonstruktion über dem Gala-Treppengang und das beheizbare runde Badebecken. 1885 sperrte die Regierung dem Monarchen die Kabinettskasse, worauf die Arbeiten abrupt eingestellt wurden. Der tragische Tod des Königs im nächsten Jahr bedeutete das endgültige Ende für das gewaltige Bauunternehmen. Lediglich eine Woche, vom 7. bis zum 16. September 1885, hatte der König in diesem, seinem prächtigsten Palast verbracht. Von zwei Seitenflügeln wurde einer, der im

Rohbau stand, 1907 abgerissen. Das Schloss ist ein Torso geblieben.

Bereits 1888 wurden Schloss und Park für die Öffentlichkeit freigegeben. Die 20 fertiggestellten Räume sind zugänglich. 70 waren geplant. Alle anderen Räumlichkeiten wurden im Rohbau belassen. Das Prachttreppenhaus führt in die im ersten Obergeschoss befindlichen Paraderäume mit Vorzimmern, ins allerhöchste Schlafzimmer, in die Beratungsräume unter einem Monumentalgemälde Ludwigs XIV. und in die Spiegelgalerie und den Kriegs- und Friedenssaal. Der Ochsenaugensaal wird bestimmt von der Reiterstatuette des Sonnenkönigs mit Marschall-

Gold, wohin man schaut: Ein wahrhaft königliches Schlafgemach.

Statuen im Park stellten Figuren aus der antiken Mythologie dar, wie etwa den Meeresgott Neptun.

stab auf einem sich aufbäumenden Pferd. Im Speisezimmer steht – wie in den anderen Königsschlössern Ludwigs – das „Tischlein deck dich“, der versenkbare Tisch, auf dem ihm die Speisen gereicht wurden, ohne dass der menschenscheue König seiner Lakaien ansichtig werden musste. Der König unterhielt sich bei Tisch imaginär mit Louis XIV. und seinem Kreis. Ein mit 108 Lichtern beladener Lüster aus Kristall und Porzellan sollte diese bizarre Szene beleuchten.

Im unausgebauten Erdgeschoss ist seit 1986 das originelle König-Ludwig-Museum untergebracht. Es verfolgt den Lebensweg des Königs und zeigt Gegenstände aus seinem privaten Nachlass (darunter die Totenmaske des Ertrunkenen), Möbel, Modelle, Sonderanfertigungen aus Meissner Porzellan sowie Graphiken und Pläne zu den ausgeführten und noch geplanten Schlossbauten des Königs.

Die neubarocken Park- und Gartenanlagen sollten sich ursprünglich über die gesamte Insel erstrecken, aber nur die direkte Sichtschneise vom Schlafzimmer und vom Spiegelsaal aus orientieren sich noch an Versailles. Hier sind Rasenflächen, Wege, Fontänen, Hecken und Blumenrabatten streng geometrisch angeordnet. Statuen verkörpern Szenen aus der antiken Mythologie, wie die lasziv hingelagerte Siegesgöttin Victoria mit ihren hervorgereckten Brüsten. Vom See führt der gerade Kanal zum Latona-Brunnen, dessen Wasserspiele im Turnus von 15 Minuten in die Höhe schießen. Um den Schlosspark herum erstreckt sich pure Natur mit Mischwaldbeständen, Viehweiden und Obstwiesen, allesamt von schönen Wanderwegen durchzogen.

Lasziv hingestreckt: Siegesgöttin Victoria, weibliches Gegenstück zu all den männlichen Göttern.

Eine gekieste Allee führt von der Schiffsanlegestelle in zwanzig Minuten zum Schloss.

Inselinfos: Schwelgen in Kunst und Natur

Kunstfreunde kommen in den beiden Gemäldegalerien auf ihre Kosten, die im Museum des Alten Schlosses gezeigt werden. Die Chiemseelandschaft mit ihren wechselnden Stimmungen war ein beliebtes Motiv der Bildenden Kunst. 50 Meisterwerke der Chiemseemaler vom Ende des 18. bis ins 20. Jahrhundert eröffnen uns eine bukolische Sicht des Sees und seiner Landschaft, wie sie vor unserer Zeit ausgesehen haben mag. Dem „Chiemseer Farbenfürst" Julius Exter (1863 bis 1939) ist eine ständige Ausstellung gewidmet. Seine 150 Gemälde weisen schon in die Moderne.

Den schönsten Blick auf die Insel genießt man zweifellos von ganz oben – vom Ballon aus. Mehrere Ballon-Unternehmen bieten das an. Eine Alternative ist eine Fahrt mit der Seilschwebebahn von Aschau zur Bergstation direkt unterhalb der 1669 Meter hohen Kampenwand. Bereits während der 14-minütigen Gondelfahrt gerät die Herreninsel ins Blickfeld.

Von der Anlegestelle führt eine kiesige Allee in 20 Minuten Fußweg direkt zum Schloss.

Wer die Insel auf den gepflegten Wegen und Naturlehrpfaden erwandern will, sollte mehr als zwei Stunden dafür veranschlagen. Dann kann man dem viel begangenen Hauptweg ausweichen und den cirka sieben Kilometer langen Uferrundweg einschlagen. Er führt zur schön an der Nordspitze gelegenen kleinen Seekapelle Heilig Kreuz mit hübscher Rokoko-Ausstattung und von dort weiter am Waldesrand bis zum Großen Kanal. Die Verlandungszonen am Westufer sind als ökologische Ruhebereiche nicht begehbar, weshalb der Weg ins Inselinnere führt. Dort stoßen wir auf die Ringwallanlage. Ihr Areal ist heute dicht aufgeforstet, Wälle und Gräben sind aber noch gut erkennbar und mit Hinweisschildern versehen. Beim Parapluie Pauls Ruhe ist das südliche Hochufer erreicht.

Tierfreunden ist Herrenchiemsee übrigens als Fledermaus-Insel bekannt. Allein 15 Arten dieser Säugetiere tummeln sich hier und finden einen zumindest in der Nacht ungestörten Lebensraum.

Die Uhr am Dachrand des Innenhofs ist eingefasst mit allegorischen Figuren der Wissenschaften, der Tugend und der Künste.

Liebesnest im Kräutergarten

Wo heute Kühe und Schafe weiden, war einst der Schauplatz für dramatische Liebschaften

Eine uralte Vorstellung: Schiffbrüchige Männer – einer davon heißt Odysseus – retten sich auf Inseln, werden dort von überirdischen weiblichen Wesen namens Kirke oder Kalypso am Strand aufgelesen, bezirzt, verführt, manchmal nicht zu Unrecht in Schweine verwandelt, verzaubert und festgehalten. Gab's das auch im Chiemsee? Auf der Krautinsel?

Es gab Pläne, die Fraueninsel zu einem Bollwerk auszubauen – die erkennbar künstliche Insel Schalch gehörte dazu.

Die Krautinsel misst gerade 360 mal 170 Meter im Oval, was dreieinhalb Hektar entspricht. Sie liegt flach im Wasser, ist aber hochwassersicher. Eine unterseeische Kiesbank, aus der zwei winzige Inselchen herausschauen, verbindet sie mit der Herreninsel. Segler mit Kiel oder Schwert sollten diese Untiefe weiträumig umfahren. Die Krautinsel ist unbewohnt und dient als Weide für Vieh, das

Menschenleere Ufer – auch das gibt es am Chiemsee. Der umgefallene Baum lädt zur Rast.

für den Sommer auf Plätten herangebracht wird. Nur ein paar Schuppen und ein Landungssteg sind Anzeichen von sporadischer menschlicher Anwesenheit. Als Inselwächter patrouilliert ein Trupp von Graugänsen, die jedes vorbeigleitende Boot anschnattern.

Landet man auf der kleinen Krautinsel, wird man von Schafen und Kühen angeglotzt, die blökend und wiederkäuend ihr Sommer-

revier beweiden. Doch Besuche von Menschen auf der kleinsten Chiemseeinsel sind eher selten. Denn kein offizieller Schifffahrtsweg führt hierher, und will man wie ein Entdecker an ihr Gestade stolpern, so muss man rudern oder segeln.

Ein Kranz von Weiden mit Unterholz umgibt die Viehweide im Inneren. Allabendlich versammeln sich hier Rabenkrähen und Dohlen, um sich kreischend gegenseitig zu übertreffen. Von den Baumfalken, die hier ebenfalls hausen, lassen sie sich nicht stören.

Anstößige Anekdoten

Ein Inselchen – genau in der Mitte zwischen einem Männer- und einem Frauenkloster gelegen? Das forderte die Phantasie heraus. Und so schossen die Gerüchte über amouröse Techtelmechtel und verschwiegene Treffen

üppig ins Kraut. Wie üblich, waren die Frauen die Schuldigen, die nicht nur die frommen Ordensmänner verführten, sondern auch brave Petrijünger auf die Liebesinsel lockten.

Klar, dass der Himmel dies nicht duldete und die dem Keuschheitsgebot Zuwiderhandelnden in den tiefsten Seegrund verbannte. Kam Gewitter oder Föhnsturm mit Wellengang auf und wurde der See unruhig, so trieben die Gebannten wieder ihr Unwesen, munkelten früher Fischer und Fahrensleute. Nur am ersten Vollmond des Oktobers könne ihnen eine Jungfrau mit reinem Herzen Erlösung bringen, hieß es. Das scheint irgendwann geklappt zu haben, denn heute ist der Spuk vorbei.

Einen wahren Kern besitzen die Fabeln aber doch, denn in der Mitte des 19. Jahrhunderts ist der Selbstmord einer 17-jährigen Frauenchiemseer Novizin mit nachfolgender

Schöne Aussichten haben diese Bergsteiger während der Tour. Von rechts: Fraueninsel, Kraut- und Herreninsel.

Die Krautinsel kann nur mit eigener Kraft und eigenem Fahrzeug erreicht werden.

Untersuchung des Königlich Bayerischen Amtsgerichts zu Rosenheim verbürgt. Dabei kam ein Verhältnis des Mädchens mit einem 27-jährigen Bootsbauer ans Licht, das auf der Krautinsel seinen Anfang genommen hatte.

Wie der Name der Insel aussagt, gestaltet sich ihre Geschichte profaner und weniger schauerlich. Sie diente den Benediktinerinnen als Gemüse- und Krautgarten. Anno 1337 wird sie als Insula erstmal urkundlich erwähnt und 1589 als Hortus (Garten) bezeichnet. Bis ins 19. Jahrhundert wurden in kleinen Parzellen Beete angelegt, die von den Klosterschülerinnen unter Anleitung der Schwester Gärtnerin gepflegt wurden.

Die vierte Chiemsee-Insel

Haben wir vorher drei Inseln im Bayerischen Meer gezählt? Frauen-, Herren- und Krautinsel? Aber da ragt doch vor dem Inselwirt, dem alten Klosterrichterhaus, ungefähr 60 Meter vom Ufer der Fraueninsel entfernt, eine ausladende Weide aus dem Wasser heraus. Sie fußt auf einem steingefassten, quadratischen Fundament von 4,7 Meter Seitenlänge und hat sogar einen Namen: die Schalch.

Erkennbar handelt es sich um eine künstliche Insel. Bekannt ist von ihr eigentlich nur, dass die Künstlergemeinde auf Frauenchiemsee es sich vorgenommen hatte, auf dem etwa eineinhalb Meter aus dem Wasser ragenden Geviert eine Weide zu pflanzen und diese nach jedem Sturm zu ersetzen.

Aber die Geschichte der gut 20 Quadratmeter großen winzigen Insel geht weiter zurück. Zu Beginn des 30-jährigen Krieges ließ Kurfürst Maximilian I. die Fraueninsel zum Bollwerk ausbauen. Die Pläne der Hofkriegskammer sahen eine mächtige Festungsmauer vor, welche die gesamte Insel einrahmen sollte. Und in cirka 50 Metern Entfernung vom Ufer sollte im Wasser ein Ring von Bastionen errichtet werden. Durch eine Kette verbunden, hätten sie jegliche Annäherung feindlicher Schiffe verhindert. Doch nur ein Bruchteil der Baumaßnahmen wurde bis 1625 verwirklicht, darunter auch das steinerne Podium – die spätere Insel Schalch – inmitten des Wassers unweit des alten Inselhafens. Vermutlich diente das kleine Wasserbauwerk als einer der Verankerungspunkte, an denen die Sperrkette befestigt werden sollte.

Das Anlanden auf der Krautinsel ist erlaubt, aber keine Übernachtung und kein Feuer. Bei ruhiger See ist das Herüberpaddeln von der Fraueninsel kein Problem. Das Kiesufer des Eilands lädt zum Baden und Muschelsuchen ein. Allerdings ist hier kaum ein Fleckchen Inselerde ohne tierische Verdauungsprodukte zu finden und Myriaden von Mücken warten auf frisches Menschenblut.

Die Schalch können Geübte mit ein paar Ruderschlägen oder schwimmend erreichen. Man kann sich dann unter der Weide ausruhen und sich wie der Schiffbrüchige in den Witzblättern fühlen, der auf einer Südseeinsel mit einer einzigen Palme strandet.

Kein Segler lässt es sich nehmen, wenigstens einmal an Herrenchiemsee entlang zu schippern.

Oberbayerische Seen und ihre Inseln

Der Schliersee wird von mächtigen Bergen umrahmt. Rechts die Brecherspitz, auf der angeblich Hexen tanzen. Im Vordergrund die Insel Wörth.

Malerische Relikte der letzen Eiszeit

Vielfältige Fauna und hervorragende Wasserqualität zeichnen die oberbayerischen Seen aus

Die meisten der oberbayerischen Seen sind entstanden, als sich die Gletscher zurückzogen und dabei Becken und Mulden hinterließen. Die vom körnigen Gletschereis ausgeschürften Senken füllten sich bei der Eisschmelze mit Wasser, das sich hinter den eiszeitlichen Moränenzügen sammelte und Seen bildete. Vor etwa 15000 Jahren war dieser erdgeschichtliche Vorgang abgeschlossen. Doch nicht alle Vertiefungen und Bassins wurden ganz mit Wasser bedeckt. Einzelne Moränenwälle wurden nicht vollständig überflutet. Und höher gelegene Landtafeln oder Spitzen blieben beste-

Erinnerung an die letzte Eiszeit; Die Osterseen südlich des Starnberger Sees stehen streng unter Naturschutz.

Die Fischer am Starnberger See haben es vor allem auf die Renke, ihren Brotfisch, abgesehen.

hen und ragen seitdem isoliert aus dem Wasserspiegel heraus und sind ganzseitig von der Wasserfläche umgeben – Inseln eben.

Für den heutigen Inselhüpfer und Badegast ist es beruhigend zu wissen, dass die Wasserqualität der oberbayerischen Seen durchwegs gut bis sehr gut ist. Seit den 1960er Jahren halten Ringkanalisationen Schadstoffe fern. Und wer tummelt sich noch neben Schwimmern, Paddlern, Seglern und Surfern im See? Allerlei Wassergetier, am augenscheinlichsten Wasservögel in großen Mengen: Graugänse, Reiherenten, Stockenten, Tafelenten, Tauchenten, Blässhühner, Höckerschwäne, Kormorane, Silberreiher und Lachmöwen. Unter der Wasseroberfläche ziehen viele Fischarten ihre Bahn: Renken, der beliebteste und am meisten verkaufte Fisch, Seeforellen, der Lachs Oberbayerns, der bis zu 1,40 Meter lang und 30 Kilogramm schwer wird, und der scheue Tiefsee-Saibling, der 40 Meter Mindesttiefe braucht. Die heute vom Aussterben bedrohte Kilch oder Bodenrenke wurde als beliebter Speisefisch im 19. Jahrhundert in großen Mengen an die Königliche Hofküche zu München geliefert. Dramatisch ist der Rückgang der Teich- und Malermuscheln. Noch vor 30 Jahren waren die See- und Inselufer von perlmuttglänzenden Muschelschalen übersät. Durch die Sauberhaltung des Wassers wurde ihnen aber die Nahrungsgrundlage entzogen.

Wasservögel aller Art, hier zum Beispiel Kanadagänse, tummeln sich auf den oberbayerischen Seen.

Zufluchtsorte im 30-jährigen Krieg

Boten die Schwedeninseln früher Zuflucht für die Bauern, sind sie heute Vogelschutzgebiet

Die Schwedeninseln am südlichen Ende des Ammersees sind eigentlich gar keine richtigen Inseln. Nur die Mündung der Ammer trennt sie vom Festland.

Bet' Kindlein bet', morgen kommt der Schwed'!" Es waren schlimme Zeiten damals, während des 30-jährigen Krieges (1618 bis 1648). Durchzüge aller möglichen *Kriegsvölcker* brachten Plünderungen und Pest. Besonders die schwedischen Kriegs- oder eher Raubzüge kreuz und quer durch Oberbayern haben sich tief ins Gedächtnis des Volkes eingeprägt. Die Überlieferung kennt zahlreiche abgelegene Waldstücke, Höhlen, Berggipfel und Schwedenschanzen wohin sich die verängstigte Bevölkerung geflüchtet hatte.

Das Schwedenjahr 1633

Auch auf die Inseln im Ammersee flohen die Bauern der Umgebung mit Hab und Gut, deshalb wurden sie fortan als Schwedeninseln bezeichnet. 1632 rückten die Schweden unter ihrem Generalissimus Lennart Torstenson heran und eroberten Landsberg. Von dort aus machten sich über etwa zwei Jahre hinweg einzelne marodierende Truppen auf, um die Umgebung auszuplündern. Im Kloster Andechs raubten sie alles, was irgendwie tragbar war und zerstörten das Übrige. Der Abt Maurus Friesenegger hat darüber ein heute noch erhältliches „Tagebuch aus dem 30jährigen Krieg" geschrieben. Das nächste Ziel war Kloster Diessen. Auf Flößen sollen daher in den Jahren 1632 bis 1634 die Klosterleute und Einwohner von Diessen ihre Nutztiere und Habseligkeiten auf jene Inseln gebracht haben.

Heute besteht nur mehr eine der Schwedeninseln, deren offizieller Name Erlaich lautet. Das 1,7 Hektar kleine, mit Büschen durch-

Postkartenidylle: Ein Raddampfer auf dem Ammersee.

Naturidylle: Blick vom Ufer auf den See hinaus.

Eines der vier Deckenfresken in der Andechser Klosterkirche zeigt den „Andechser Heiligenhimmel".

setzte flache Inselchen liegt in der Südbucht des Ammersees, inmitten des moorigen Verlandungsgebiets zwischen den Mündungsarmen der Ammer. Vom Ammermoos an der Südseite wird sie durch einen zwei bis drei Meter breiten, und 200 Meter langen Wassergraben getrennt, der mittlerweile fast verlandet ist. Auf älteren Karten erweckt dieser Wasserlauf einen künstlichen, kanalartigen Eindruck. Haben ihn die flüchtigen Bauern extra ausgehoben oder haben sie die bereits vorhandene Wasserfläche vertieft, um Abstand vom Festland zu gewinnen?

Der sumpfige Untergrund und die feuchten Schilfwiesen, mit denen die Insel bedeckt ist, machen es allerdings schwer zu glauben, dass hier eine größere Anzahl von Menschen und Vieh für längere Zeit gehaust haben soll. Es ist durchaus möglich, dass im

Ausgestaltet wurde die Andechser Kirche von Johann Baptist Zimmermann, der auch den Hochaltar mit dem Gnadenbild der Mutter Gottes schuf.

17. Jahrhundert eine andere Insel als Zufluchtsort gewählt worden ist, die heute nicht mehr besteht. Infolge des starken Geschiebes, das die Ammer in den See einbringt und wegen der Gradierung und Eindeichung des neuen Ammerzuflusses im Jahr 1923 sind die Land-See-Verhältnisse in der südlichen Ammerseebucht starken Veränderungen unterworfen.

Die Ortschaften Vorder- und Mitterfischen lagen bis ins 17. Jahrhundert noch direkt am See. Es ist durchaus möglich, dass die für die Kriegsjahre 1632 und 1634 genannten Fluchtinseln im heute versumpften oder verlandeten Ammermoos liegen und nicht mehr als Inseln erkennbar sind.

Auf jeden Fall haben sich die Fluchtinseln im Ammersee bewährt. Zwar wurden Diessen und die umliegenden Ortschaften ein Raub der Flammen, doch in die unheimliche Filzlandschaft (Filz = Moor) des südlichen Ammersees drangen die Räuberbanden nicht

Weithin sichtbar: Das Kloster Andechs mit der Zugspitze im Hintergrund.

Still ruht der Ammersee, geheimnisvoll wallen die Nebel.

ein. Nach der Verwüstung des Landes zogen sich die Schweden nach 1634 wieder über die Donau zurück.

Wo der Goggolori haust

Sumpf, Schlamm, Moor, Irrlichter und Nebelschwaden haben die Phantasie der Menschen schon immer angeregt. Kein Wunder, dass hier im Ammermoos der Goggolori umgeht, ein Kobold, der in einen Cuculus, eine Gugel (= Kapuze) gehüllt ist. Er treibt allerlei Schabernack, hilft den Leuten, aber manchmal lockt er auch Viehherden und sogar Menschen in den unergründlichen Sumpf hinein. Immerhin hat er sich bei der Abwehr der Schweden bewährt, indem er die Inseln in dichte Nebelbänke hüllte und das Vieh verstummen ließ. Michael Ende (1929 bis 1995) hat dem Goggolori vom Ammersee ein Opernlibretto in acht Bildern gewidmet. Die Musik dazu komponierte Wilfried Hiller, Schüler und Vertrauter Carl Orffs, in dessen Komödie Astutuli der Goggolori ebenfalls vorkommt.

Eine Fischerhütte stand wohl schon länger auf dem Eiland. In den 1920er Jahren wurde ein Fahrweg von Fischen her quer durch Binsen und Schilfwiesen geschlagen und ein Gastbetrieb auf der Insel eröffnet. Seit 1979 liegt die einzige Ammersee-Insel im Naturschutzbereich der Vogelfreistätte Ammersee-Südufer. Das lange leer stehende Häuschen wurde abgerissen und heute herrscht hier nicht nur Betretungs- sondern auch Annäherungsverbot von See her.

Wir können trotzdem einen Blick auf die jetzige Schweden-Halbinsel werfen und dabei vielleicht Störche, Biber, Bekassinen oder Silberreiher beobachten. Der Vogelwanderweg an die Neue Ammermündung beginnt an der Brücke von Vorderfischen. Von der hölzernen Beobachtungsplattform an der neuen Ammermündung breitet sich das Panorama mit dem ehemaligen Gebiet der Schwedeninseln vor uns aus.

Der Goggolori vom Ammersee ist ein Kobold, der seine derben Scherze treibt.

Michael Ende hat dem Goggolori ein Opernlibretto gewidmet, die Musik dazu schrieb Wilfried Hiller, ein Schüler von Carl Orff.

Grausame Sühne auf der Insel im Wörthsee

Die berühmte Sage von erbarmungslosen Menschen und unersättlichen Mäusen

Die Mausinsel ist ein häufiger Ort im deutschen Sagenschatz. Die berühmteste Insel dieses Namens liegt wohl vor Bingen im Rhein, wo sich der Mäuseturm aus dem Strom erhebt. Ein hartherziger Erzbischof soll dort von den Nagetieren aufgefressen worden sein, nachdem er hungernde Bettler in eine Scheune sperren und verbrennen hat lassen. Sein höhnischer Kommentar dazu: „Hört ihr die Mäuslein pfeifen?“ sollte ihm zum Verhängnis werden. Denn den Mäu-

Um die Mausinsel im Wörthsee ranken sich schaurige Sagen.

sen gelang – im Gegensatz zu den Menschen – die Flucht aus dem brennenden Gebälk und sie stürzten sich auf den Frevler, der vergeblich auf die Rheininsel floh.

Der Volksmund rächte sich mit solchen Schauermärchen an ungerechten und ausbeuterischen Herrschaften, denen man derartig monströse Verbrechen zutraute. Offenbar gab es Feudalherren dieser Art auch im

lieblichen Gebiet des Wörthsees, denn sonst wäre diese Wandersage nicht gerade hier auf fruchtbaren Boden gefallen. Auch in der Wörthseelegende lässt ein entmenschter Schlossherr während einer Hungersnot alle lästigen Bettler in einem Stadel zusammenfangen und dann Feuer legen. Ihm entfleucht ebenfalls der Spruch von den Mäusen. Worauf diese, im Verein mit ihren Artverwandten, den Ratten, hervorkriechen, um sich auf ihn zu stürzen. Auf seinem Schloss, angeblich

Die unheimlichen Geschichten über hartherzige Schlossherrn wollen nicht so recht zu dieser friedlichen Wörthsee-Idylle passen.

war es Seefeld über dem Pilsensee, war der verfolgte Graf nicht mehr sicher, sodass er auf den Gedanken kam, sich auf seine vom Wasser umgebene Inselburg im nahen Wörthsee zu retten. Allein, es nützte nichts, die Nager durchschwammen den See und vertilgten den Unhold bis auf den letzten Rest. Dann war der Bann gebrochen.

Bunter Blickfang inmitten von in Eis und Schnee erstarrter Natur am Seeufer.

Von Mäusen und Menschen

Dazu sollten wir Heutigen, die wir putzige Mäuschen vor den Pfoten unserer Hauskatzen retten, wissen, dass es gerade die Mäuseplagen waren, die früher ganze Ernten vernichteten und Menschen in Hungersnöte stürzten. In manchen Jahren vermehrten sich Feld- und Hausmäuse exponentiell und fraßen ganze Landstriche kahl. In der Sagenwelt trifft dann die ungerechte Obrigkeit mit den Heerscharen der Mäuse zusammen.

Legenden dieser Art sind wohl erst im 18. Jahrhundert entstanden und im 19. Jahrhundert von Volkskundlern schriftlich niedergelegt worden. Was die Insel im Wörthsee betrifft, so hat vermutlich ihre Unzugänglichkeit dazu beigetragen, ihr eine gewisse Unnahbarkeit zuzuschreiben. Sie war immer Privatbesitz, der streng nach außen verteidigt wurde und die Allgemeinheit vom Betreten ausschloss – bis heute übrigens.

Inmitten des Sees, der 3,7 Kilometer lang und 1,2 Kilometer breit ist und damit über 43 Hektar verfügt, nimmt die Wörth-Insel immerhin zwölf Hektar ein. Dies und die Tatsache, dass sie von allen Uferstrecken aus zu sehen ist, mag dazu geführt haben, dass sie dem See ihren Namen gegeben hat: Wörthsee, eigentlich Inselsee.

Das heute dicht bewaldete Eiland liegt nahe dem südwestlichen Seeufer in Höhe von

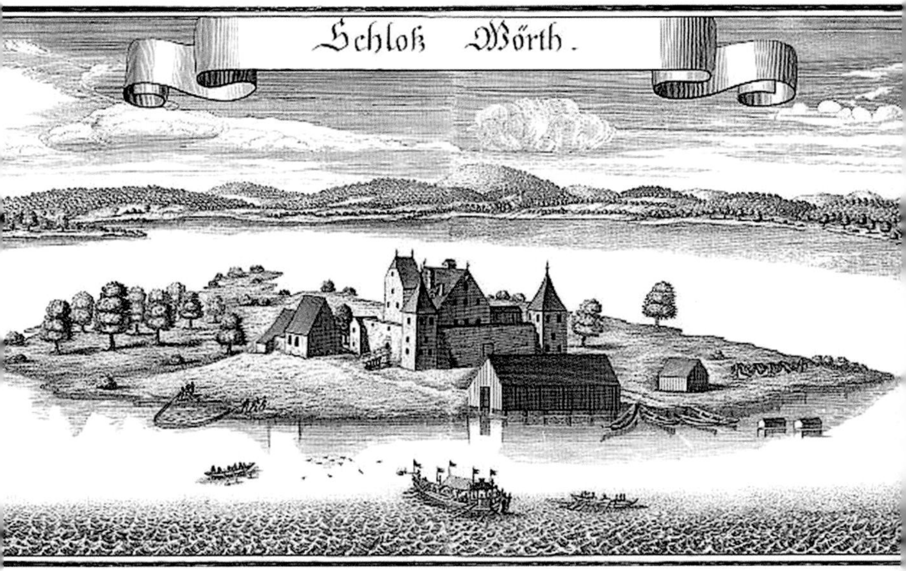

Bachern, und ist im Norden nur durch einen knapp zehn Meter schmalen Durchlass vom Festland getrennt. Der Inselrücken erhebt sich bis zu sieben Meter über den Seespiegel.

Ein alter Stich zeigt das prächtige Schloss, das einst auf der Insel Wörth gestanden hat.

Kazmairs Inselschlössl

Im 15. Jahrhundert erwarb die Münchner Patrizierfamilie Kazmair (an die heute noch die Kazmairstraße im Westend erinnert) den See samt Insel und ließ sich dort 1446 einen Edelsitz für den Sommeraufenthalt errichten. Wie alle reich gewordenen Bürger strebten auch die Kazmair den Adelstitel an und verliehen daher ihrem Wörthsee-Ansitz das Aussehen einer martialischen Ritterburg. Turm, Ringmauer, Torbau und Zugbrücke durften nicht fehlen – waren aber nicht ganz ernst gemeint. Immerhin führte keine Brücke über den See hinüber. Nur per Schiff war das

Am Wörthsee gibt es auch ein weitläufiges Badegelände, von dem aus mehrere Stege ins Wasser führen.

Inselschloss zu erreichen. Im 17. Jahrhundert verloren die Münchner Großbürger die Lust, zum Wörthsee hinauszufahren und veräußerten ihre schon ruinöse Inselburg an die Grafen Törring, ein im Fünfseenland verwurzeltes bayerisches Uradelsgeschlecht.

Unter den Törring erfolgte der Abbruch der alten, vielleicht wirklich mäuseverseuchten, Inselburg und 1772 der Neubau eines gefälligen Herrenhauses im Barockstil, das im Wesentlichen noch heute so besteht. Allerdings mieden auch die neuen Herren bald das Eiland und überließen es Fischerfamilien, die hier ihre Fänge anboten.

Hängt das etwa mit der Mausinsel-Sage zusammen, die just zu dieser Zeit entstanden war und die man sich allenthalben zuflüsterte? Oder mit der Tatsache, dass die Insel nur umständlich per Boot erreichbar war und ist? Eine Inventur von 1850 listete für das Inselschloss „ein Bootshaus, zwei Gondeln, zwei brauchbare Einbäume, zwei schadhafte Einbäume und einen unter gegangenen Einbaum" auf. Zwischen 1800 und 1860 offerierten die Wörthsee-Fischer den Münchner Ausflüglern Lustpartien und Wasserfahrten zur Insel an und kredenzten dort ihre Fischgerichte. Dann stand das Schlösschen leer und verfiel zusehends.

Der bayerisch sprechende Gondoliere beherrscht die venezianische Rudertechnik und gleitet auch sanft an der Mausinsel vorbei.

Nach 1900 forsteten die Törring ihre Insel mit Laubbäumen auf, wodurch das vorher kahle Eiland die noch heute bestehende dichte Bewaldung erhielt. Nach 1960 erfuhr auch das Wörther Inselschlössl die ihm gebührende Renovierung, blieb jedoch außerhalb jeglicher öffentlichen Nutzung.

Im Winter friert der See oft zu – sehr zur Freude der Eissegler und Schlittschuhläufer.

Inselinfos: Stilvoll mit der Gondel oder sportlich mit dem Ruderboot

Von Bachern aus kann man sich mit einer original venezianischen Gondola hinausrudern lassen. Mit einem gemieteten Boot kann man ebenfalls eine Runde um die legendäre Insel im Wörthsee drehen. Hin und wider lugt das Schlössl, heute eher einer kleinen, aber stilvollen Villa gleichend, aus dem grünen Gebüsch hervor.

Auf dem 13 Kilometer langen See-Rundwanderweg hat man die Mausinsel immer im Blick. In strengeren Wintern gehört der Wörthsee zu den ersten Voralpenseen, die eine tragende Eisdecke bilden. Dann wird er von Eishockeyspielern, Eisseglern, Eisstockschützen und Schlittschuhläufern bevölkert. Man kann aber auch zu Fuß übers knackende Eis wandern.

Das tragische Ende der Frau des Kreuzritters

Die stolze Burg der Herren von Waldeck ist nur noch Ruine – die Aussicht ist umso grandioser

Wie der Rücken eines Wals ragt die Insel Wörth aus dem Schliersee.

Sich mit den hochwohlgeborenen Gemahlinnen seiner Vorgesetzten einzulassen, ist zwar ein reizvolles, aber lebensgefährliches Abenteuer. Es kann, wie der Volksmund warnt, auf einer einsamen Insel inmitten des Schliersees enden.

Manch ein Münchner kennt noch das Couplet vom Schliersee als Biersee: „I mechat an Biersee, so groß wie da Schliersee, so tief und so frisch, dann waar I a Fisch, ganz tief tat I sinken und immerzu trinken…“. Keine große

Lyrik, aber der simple Reim eignet sich bestens als Ohrwurm. Die Betreiber des schön gelegenen Ausflugslokals auf der Insel inmitten des Schliersees haben daher beste Chancen, ihr Eiland unter dem Namen „Bierinsel" noch mehr bekannt zu machen.

Zu gönnen wäre dieser freundliche Name der Insel ja, denn was sich die Einheimischen so unter der Hand lange Jahrhunderte über das waldbedeckte, zum Teil versumpfte Eiland zuflüsterten, klang eher finster und grausam. Turm wurde die Insel genannt, oder, noch genauer, Hungerturm-Insel.

Nüchtern betrachtet ist die Schliersee-Insel 260 Meter mal 160 Meter groß, was gut zwei Hektar entspricht. Vom Westufer des Sees ist sie immerhin 200 Meter entfernt. Wie der Rücken eines Urtieres taucht sie inmitten der kleinen Seefläche auf, die im Osten, Süden und Westen von hohen Bergen umgeben ist. Auf altbayerisch eben eine Wörth.

Der Übername Turm oder Hungerturm geht auf eine Rittergeschichte des späten Mittelalters zurück. „Der Verführer einer Kreuzritterfrau soll hier den Hungertod gestorben sein mit der Frau und Zofe", lesen wir dazu in einem Reiseführer von 1891. Was mag hier vorgegangen sein?

Die Burg und die Insel

Auf einem steilen Felssporn, 210 Meter hoch über dem Ostufer des Schliersees, erhebt sich die Burgruine Hohenwaldeck. Mit ihrer extremen Höhenlage von fast 1000 Metern über Normalnull ist sie eine der höchstgelegenen Burgen Deutschlands überhaupt. Wir erkennen noch den aus groben Klötzen gefügten Bergfried, den Hauptturm, und mehrere Mauerzüge. Heute ist das Gemäuer durch schöne Wanderwege erschlossen.

Weithin sichtbar ist der besonders spitze, mit Schiefer gedeckte Turm der Schlierseer Pfarrkirche St. Sixtus.

Seit dem 12. Jahrhundert sind die Herren von Waldeck als Beherrscher des Schlierseegebiets urkundlich bekannt. Ihre Burg über dem See haben sie wohl um 1200 erbaut. Zu dieser Zeit strebten die stolzen Rittergeschlechter gesellschaftlich nach oben und zeigten dies auch im Burgenbau. Kein Berggipfel schien zu steil und hochgelegen zu sein, um dort nicht eine Burg errichten zu können. Hauptsache, man war oben, um gleichsam vom Adlerhorst auf Untertanen und mögliche Gegner herabsehen zu können.

Freilich war das Prinzip solch einer abgehobenen Burgenarchitektur mit vielerlei Unzulänglichkeiten verbunden. Quadersteine und Bauholz mussten mühsam heraufgeschleppt werden. Quellwasser fehlt auf Bergspitzen, sodass man sich mit abgestandenem Regenwasser in Zisternen zu begnügen hatte. Die tägliche Versorgung über Stock und Stein geriet zur Plage, und auch die Bewohner der Burg mussten ständig mühsame Bergwanderungen unternehmen. Den Winter über dürfte man mehrere Wochen überhaupt in Schnee, Eis und Einsamkeit verbracht haben.

Hier auf der Insel Wörth soll der Hungerturm gestanden haben, in den der Ritter von Waldeck Gattin und Burgvogt werfen ließ.

Ein steiler Felssporn erhebt sich mehr als 200 Meter hoch über dem See. Dort stand einst die Burg.

Man war zwar vor Feinden sicher, bezahlte dies aber mit völliger Abgeschiedenheit von der Zivilisation. Auch Hohenwaldeck zeichnete sich einerseits durch hochfahrenden Stolz, andererseits durch erschwerte Zugänglichkeit aus.

Nicht Menschenhand zerstörte das Bauwerk, sondern Lawinen und Steinschläge, die von weiter oben, vom Leitnerberg, herunterkamen. Inmitten des Ruinengeländes ist das Resultat eines gewaltigen Bergsturzes noch heute deutlich zu erkennen. Eine Geröll- und Schlammlawine durchbrach im Jahr 1480 die Ringmauer, ergoss sich in das Innere der Burg und füllte den Burghof auf. Danach war die Burg unbewohnbar, wurde verlassen und verödete. Drei Jahre später, 1483, starb die Adelssippe aus.

Den Untertanen im Tal des Schliersees waren die Mauern und Türme über ihren Köpfen schon immer unheimlich gewesen. Jetzt, nach ihrem Untergang, mied man die düstere Ruine noch mehr und erzählte sich allerhand Schauergeschichten über ihre Bewohner und deren Ende, das man sich nur als göttliches

Von der Ruine Hohenwaldeck ist nach einem Bergsturz nicht mehr viel übrig. Aber allein wegen des Tiefblicks auf den See lohnt der Aufstieg hierher.

Strafgericht vorstellen konnte. Schon bald setzte man die Burg über dem See und die Insel im See in eine wechselseitige Beziehung, natürlich in keine gute. In der Tat rückt sowohl die Insel von der Burg aus, wie auch die Burg von der Insel aus direkt ins Blickfeld. Und so entstand wohl die Sage vom Ritter von Hohenwaldeck, der sich einem Kreuzzug ins Heilige Land anschloss.

Es war einmal in alter Zeit ein Ritter von Waldeck, tapfer und gottesfürchtig, der als Kreuzfahrer in das gelobte Land zog. Sein schönes eheliches Weib vertraute er der Hut seines Schlossvogtes an. Wie alle bösen Vögte hieß dieser Golo. Alsbald entbrannte der treulose Diener in Liebe zur schönen Waldeckerin und wusste ihr durch seinen gedungenen Helfershelfer die falsche Botschaft zu hinterbringen, dass ihr Gemahl im Kriege gegen die Ungläubigen eines heldenmütigen Todes gestorben sei. Der böse Vogt freite nun um die Hand der trauernden Witwe, und siehe da, er ward erhört.

Der Schliersee, vom Jägerkamp her gesehen. Im Hintergrund die Türme der einstigen Kohlezeche in Hausham.

Nicht lange aber genossen beide das Glück der Liebe, als plötzlich der von den Türken erschlagene Gatte frisch und gesund aus dem gelobten Land in die Heimat zurückkehrte, und sein, wie er hoffte, ihn mit Sehnsucht erwartendes Weib in den Armen eines anderen traf. Von Wut entbrannt über diesen schändlichen Bruch ehelicher Treue ließ er auf der Insel Wörth, die mitten im See gegenüber der Burg liegt, einen Turm erbauen und den Buhlen nebst der untreuen Gattin dorten hineinwerfen und bei lebendigem Leibe gar jämmerlich verhungern. Noch heutigen Tages heißt man den Platz, wo dieser Turm stand, beim Hungerturm.

So erzählt es die Sage in einem 1874 erschienenen Reiseführer „Spaziergänge in und um Schliersee". Damit nicht genug, malte sich die Volksphantasie noch besondere Grausamkeiten aus. In einer anderen Version der Sage lesen wir:

Andere sagen, der erzürnte Gemahl habe auch den Verführer und das Kammermädchen an Ketten geschlossen in den Turm gesperrt, letztere an die längste Kette, auf dass sie ihren Mitgefangenen die spärliche Nahrung reichen konnte.

In der europäischen Sagenwelt kommt das Motiv der verführten Gattin eines Kreuzfahrers sehr häufig vor. Als Hauptschuldiger fungiert stets der verräterische Burgvogt, der in den meisten Sagen dieser Art den Namen Golo trägt. Unschuldig, weil als vermeintliche Witwe in gutem Glauben handelnd, agiert die verführte Ehefrau. Mitschuldig wird jedoch der rasend eifersüchtige Ehemann, der ohne Anhörung und Gerichtsverhandlung Todesstrafen vollziehen lässt. Sein Verbrechen wird umso monströser, als er auch eine weitgehend Unbeteiligte, nämlich die Kammerzofe, mit ins Verderben stößt.

Auch der Tod im Turm, in manchen Fällen auf einer abgeschiedenen Insel, ist ein gängiges Motiv, das hier am Schliersee seinen Niederschlag gefunden hat.

Wer an der Insel nur vorbeifährt, sieht höchstens das Dach der Gaststätte.

Ein verwunschenes Fleckchen Erde – Romantik pur.

Hätte ein Keuschheitsgürtel die Tragödie verhindert?

Jahre- ja mitunter jahrzehntelange Abwesenheiten von Rittern auf Kriegsfahrt und Kreuzzügen mögen in Wirklichkeit vorgekommen sein. Dass das Leben in der Heimat weiterging, ließ sich dann nicht vermeiden. Vielleicht sind manche Heimkehrer wirklich auf solche Verhältnisse, wie sie die Sagen beschreiben, gestoßen und haben Selbstjustiz geübt. Die vom angeblich grausamen Mittelalter faszinierte Schwarze Romantik des 19. Jahrhunderts hat übrigens in diesem Zusammenhang den Keuschheitsgürtel erfunden. Mit diesem lebens- und liebesfeindlichen Verschlussgerät hätten die abreisenden Ritter sich der Enthaltsamkeit ihrer Frauen versichern wollen. Eine groteske Vorstellung, die nie und nimmer den historischen Tatsachen entspricht! Alle heute gezeigten angeblich echten Exemplare sind Werke des bürgerlichen 19. Jahrhunderts, das an solchen Anzüglichkeiten Gefallen fand.

Die Waldecker und ihre Erbnachfolger, die Maxlrainer, führten den Grafentitel und waren streitbare Herren. Zumindest der

Natürlich braucht eine Insel auch eine Anlegestelle für Schiffe.

Kreuzzug eines Hohenwaldecker Burgherren beruht auf Tatsachen. Verbürgt ist nämlich, dass Georg von Waldeck (1407 bis 1456) sich anno 1444 einem Kreuzzug *wider die Hayden* anschloss. Es ging gegen die Türken, die in jenen Jahren das Osmanische Reich über den Balkan ausdehnten. Bei Varna am Schwarzen Meer brachten die Osmanen dem aus Ungarn, Polen, Burgundern und Bayern bestehenden Kreuzheer eine vernichtende Niederlage bei. Unter den Hunderten von Rittern, die in die Gefangenschaft des Sultans gerieten, befand sich auch Georg von Waldeck. Er kam indes zurück zu seiner Gattin, die Agathe hieß und ließ zum Dank ein Kircherl zu Ehren der Heiligen Agathe im nahen Agatharied errichten. Von Eifersuchtsszenen also keine Spur, sondern ganz im Gegenteil, Dank an die Gattin!

Und der Turm auf der Insel? Ende des 18. Jahrhunderts sollen noch Mauerreste sichtbar gewesen sein. Von der Hand zu weisen ist das nicht, der als Inselkuppe über drei Meter aufsteigende Flysch-Untergrund hätte einen massiven Burgturm durchaus getragen. Irgendein gemauertes Gebäude muss den Volksmund zu der Legende angeregt haben. Archäologische Ausgrabungen könnten Klarheit bringen, sind aber bis heute nicht durchgeführt worden.

Die Trachtenmode, hier ein Paar in Schlierseer Tracht, kam erst mit König Max II. auf, der damit das bayerische Nationalbewusstsein fördern wollte.

Inselinfos: Heute Wirtshaus statt Hungerturm

Gegenwärtig steht an der höchsten Stelle des Inselchens ein hölzerner Aussichtsturm, der allerdings von den umstehenden Fichten überragt wird. Daneben liegt das Wirtshaus, ein moderner Bau im traditionellen Stil. Es bietet im Verbund mit der Schliersee-Schifffahrt einen regelmäßigen Transfer vom Bootssteg am Kurzentrum in Schliersee an.

Das Motorschiff hält auf der Insel, in Fischhausen und an zwei Haltestellen in Schliersee. Mit Ruder-, Elektro- und Tretbooten des Bootsverleihs Schliersee kann man das Eiland auch erreichen.

Der gut markierte Wanderweg zur Burgruine Hohenwaldeck führt vom Freibad Schliersee erst nach Unterleiten und dann immer steiler hinauf nach Oberleiten. Der Burgplatz ist abschüssig, bietet aber einen furiosen Blick auf See und Insel. Der Abstieg nach Fischhausen führt über sehr steile Serpentinen. Die Gesamtzeit beträgt gute zwei Stunden.

Im Winter kann sich der Schliersee vom sommerlichen Touristenrummel erholen.

Sieben Jungfrauen – sieben Inseln

Wie der Lindwurm ins Murnauer Stadtwappen kam und andere Sagen rund um den Staffelsee

Beim Staffelsee könnte man meinen, vor lauter Inseln den See zu übersehen. Sieben Inseln durchbrechen die Wasseroberfläche und ausgefranste Ufer, tiefe Buchten und Halbinseln verleihen dem See einen bizarren Umriss. Wörth, die größte Staffelsee-Insel, soll einem Lindwurm gleichen.

Die Murnauer Stadtsage erzählt nämlich von einem gar gräulichen Lindwurm, der im See hauste und jährlich seine Lieblingsspeise, bestehend aus sieben, in sittsames Weiß gekleideten Jungfrauen, einforderte. Bis ein

Jedes Jahr an Fronleichnam findet eine große Prozession statt, bei der die Gläubigen mit bis zu 80 Booten das Allerheiligste über den See geleiten.

Schusterjunge auf den Gedanken kam, dem verfressenen Tyrannosaurus ein Bündel mit ungelöschtem Kalk hinzuwerfen, der das Untier zerplatzen ließ. Seine umherfliegenden Überreste formten dann die Inseln im Staffelsee, wobei die harte Nagelfluhkuppe der Wörth aus seinem Rückenpanzer entstand. So erklärt man sich jedenfalls den Lindwurm im Stadtwappen von Murnau. Die Sage könnte aber auch eine ferne Erinnerung an Menschenopfer zur Keltenzeit wiedergeben.

Wörth ist bei einer Länge von 1150 Metern und einer Breite von bis zu 600 Metern die größte Insel im See. Die höchste Erhebung misst immerhin 33 Meter über dem Seespiegel. Wald- und Forststücke wechseln sich ab mit Viehweiden und Mähwiesen. Die Ufer sind zum Teil dicht verschilft. Ein Schlösschen, ein Bauernhaus (beide in Privatbesitz) und ein Kircherl erwarten den Inselbesucher. An festen Bewohnern gibt es einen Hirten und ein Hausmeisterehepaar – ansonsten einen Haufen blökender Rindviecher.

Im Murnauer Schloss finden regelmäßig Ausstellungen statt, insbesondere mit Werken des Blauen Reiters.

Uralte Kulturlandschaft: Kelten, Räter und Römer

Das Staffelseegebiet ist altes Kulturland. Es bot fruchtbare Ackerböden und lag überdies verkehrsgünstig an einem der wichtigsten Handelswege von Italien über die Alpen ins Donaugebiet. Erste gesicherte Funde stammen aus der späten Bronzezeit um 1000 v. Ch., wie ein kostbares Bronzeschwert, das im Uferbereich vor der Insel Wörth geborgen wurde. Reichere Spuren hinterließen die Kelten und Räter. Um 15 v. Chr. wurden sie von den Römern besiegt, die das Voralpenland als Provinz Rätien in ihr Imperium eingliederten. Hartnäckig ist bis heute in der Volksüberlieferung die Rede von keltischen Kultstätten

Ein zerfetzter Drachen? Die Sage erzählt, dass einst ein böser Lindwurm die Murnauer Bevölkerung drangsalierte, bis ihm ein tapferer Junge den Garaus machte.

auf den Inseln des Staffelsees. Wenn es hier prähistorische Heiligtümer gegeben hat, sind sie eher dem Alpenvolk der Räter und ihrer Göttin Madrisa zuzuschreiben. Kelten, Räter und zugewanderte Römer verschmolzen zur lateinisch sprechenden Provinzialbevölkerung und lebten bis ins 4. Jahrhundert in Frieden und relativem Wohlstand.

Das Christentum hielt in Rätien schon vor seiner Erhebung zur alleinigen Staatsreligion im Jahre 391 durch Kaiser Theodosios Einzug. Dann wurden die Zeiten unsicherer. Früher offene Siedlungen wurden nun mit Wehrmauern umzogen. Auch auf der Insel Wörth entstand um 400 eine kleine Festung mit mehreren Türmen. Sie nahm den heutigen Kirchenhügel ein und umschloss ein Areal von 25 mal 55 Metern.

Die archäologischen Ausgrabungen auf der Insel von 1985 bis 1997 konnten zahlreiche Fragen klären. Seltsam erscheint nach wie vor ein Münzschatz, der im Jahre 1850 angeblich auf der Insel gefunden wurde. Seltsam deshalb, weil sich unter den 800 römischen Münzen ganz eindeutig neuzeitliche Nachprägungen, also Fälschungen, befinden. An sich sind Hortfunde für die spätrömische Zeit bezeichnend, weil die bedrohten Menschen ihre Wertsachen und Schätze versteckten oder vergruben. Doch das Rätsel der unechten Wörther Römermünzen gilt es noch aufzuklären.

Bis ins beginnende 5. Jahrhundert vermochten die römischen Truppen an der Donau die Germanenstämme aufzuhalten, bis deren Einfälle häufiger wurden und sich schließlich um 550 n.Chr. der Stammesverband der Bajuwaren zwischen Donau und Alpen niederließ. Nur die Führungsschichten der Germanen waren in jener Epoche bereits christianisiert, die Masse des Volkes hing noch heidnischen Vorstellungen an. Die nächsten 150 Jahre waren daher von der christlichen Mission und dem Aufbau einer kirchlichen Administration erfüllt.

Bonifatius besucht die Bajuwaren

Eine alte Karte zeigt noch die Stegverbindung zur Insel Wörth.

Der Staffelsee und seine Umgebung spielte dabei eine wichtige Rolle. Und aus jener Zeit stammen auch die ersten schriftlichen Hinweise auf eine Ortschaft am oder im Staffelsee. Ins 7. Jahrhundert wird ein kleiner, 1995 archäologisch erschlossener Kirchenbau auf der Wörth datiert, einer der ersten Steinbauten im Bajuwarengebiet überhaupt. Die noch immer von der römischen Mauer umgebene Kirche stand nicht allein, sondern gehörte zu einem Gutshof. Reich ausgestattete Gräber auf der Insel lassen sogar den Schluss zu, dass hier eine der führenden bajuwarischen Adelssippen, die Huosi, ihren Herrschaftssitz hatte.

Ende des 8. Jahrhunderts wurde die Kirche erheblich vergrößert. Der Grund dafür war der Bau des Benediktinerklosters auf der Insel, wofür uns allerdings das genaue Gründungsdatum fehlt. Desto üppiger blühen die Legenden: So habe der Heilige Bonifatius, der *Apostel der Teutschen,* höchstselbst anno 742 das Kloster eingeweiht. Die mächtige Bonifatiuslinde auf dem Wörther Kirchhügel, die erst 1945 vom Blitz gefällt wurde, soll noch von ihm gepflanzt worden sein.

Eine höchst aufschlussreiche Schriftquelle ist das um das Jahr 810 erstellte Inventar, das sämtliche Liegenschaften, das Vieh, Vorräte, Gewänder, Küchengeräte und Werkzeuge des

Klostergutshofes sowie den Schriftenbestand der Klosterbibliothek penibel aufzählt. Demnach muss es sich um ein reich ausgestattetes, von der fränkischen Herrscherfamilie der Karolinger privilegiertes Kloster gehandelt haben.

Das Ende kam wohl zwischen 900 und 955 mit den Kriegszügen der Ungarn, die in zeitgenössischen Berichten als Hunnen erscheinen. Ihnen sollen alle frühmittelalterlichen Klöster Bayerns zum Opfer gefallen sein, darunter auch das Staffelseekloster, das die Reiter auf ihren schwimmenden Pferden erreichten und zerstörten. Der Sage nach gelang es den Mönchen noch vor dem Überfall, die Kirchenglocken im Wasser zu versenken. An manchen Tagen tönen sie aus der Tiefe herauf, so eine der Staffelseesagen. Einer der Mönche komponierte gerade ein Lied, als die Hunnen ihn niederstreckten. Die unvollendete Melodie soll manchmal noch als sanfter Harfenklang über den Wellen zu hören sein.

Eine Ballonfahrt am Alpenrand entlang eröffnet neue Perspektiven, auch auf den Staffelsee.

Die kleinen Inseln, wie etwa die Buchau, werden bei Bedarf mit kleinen Motorbooten angefahren.

Die Wörth hat durch die Jahrtausende eine wechselvolle Geschichte. Auch spuken soll es dort ab und zu.

Das Inselkreuz auf der Jakobsinsel wurde 2007 nach Rom gebracht und von Papst Benedikt XVI. gesegnet.

Schwer erreichbare Inselkirche

Für das nächste halbe Jahrtausend weiß man nicht so recht, was sich auf dem Eiland getan hat. Wörth blieb jedenfalls in kirchlichem Besitz. Im 15. Jahrhundert entstand auf der Insel ein gotischer Neubau, der als Pfarrkirche für alle Staffelseeanrainer diente. Die Inselkirche erwies sich jedoch nur als schwer erreichbar, entweder im schwankenden Boot oder auf dem noch mehr schwingenden Pfahlsteg, der von der Halbinsel Burg herüberführte. Dieses Holzbrückchen war 300 Meter lang und nicht mal einen Meter breit. Diese Unzulänglichkeiten führten schließlich im Jahre 1773 zur Verlegung der Pfarrei aufs Festland nach Seehausen. Noch im selben Jahr erfolgte der Abbruch der Inselkirche. Ihre Quadersteine schaffte man per Floß und über einen künstlichen Kanal nach Seehausen, wo sie zum Bau der neuen Pfarrkirche St. Michael verwendet wurden. In der Folgezeit verfiel die Brücke zum Festland. Die kleine Nepomukkapelle auf der Jakobsinsel wurde aufs Festland nach Seehausen versetzt. Wörth wurde wieder Insel.

Das romantische 19. Jahrhundert entdeckte die Voralpenlandschaft neu und neigte dabei stark zu einer verklärenden, idealisierten Geschichtsdarstellung. Zur Erinnerung an die glorreiche Vergangenheit der Insel im Staffelsee ließ die berühmte Münchner Familie Utzschneider im Jahr 1836 am Platz der 1773 abgetragenen Inselkirche die noch bestehende Kapelle St. Simpert im *historischen Styl* errichten und vom Historienmaler Heinrich von Pechmann farbenprächtig ausmalen. Pechmanns sechs Fresken zur Vorgeschichte der Insel sind echte Historienschinken, quasi Vorläufer der Hollywood-Breitwandfilme. Sie zeigen uns ausdrucksstark und in allen Einzelheiten unter anderem ein „Keltisches Begräbnis auf der Insel", „Die ersten Christen auf der Insel", „Die Lehre des Hl. Bonifatius" und „Die Vernichtung des Inselklosters durch die Hunnen".

Zu den Besuchern der Wörth-Insel gehörte auch der spätere König Max II. (1848 bis 1864) und seine alpenbegeisterte Königin Marie, eine Preußin. Das Paar verbrachte glückliche Stunden im Schatten der Bonifatiuslinde. Maries Sohn, der Märchenkönig Ludwig II., plante als Ergänzung zum Schloss Linderhof, das er im nahen Graswangtal erbauen ließ, die „Errichtung eines Palastes auf Wörth inmitten des Staffelsees". Das phantastische Vorhaben kam indessen nicht zur Ausführung, weil sich die Insel Herrenchiemsee offenbar besser für einen weitläufigen Schlossbau eignete.

Was wäre ein See ohne seine Rosen? Am Staffelsee gibt es ganze Teppiche davon.

Das Blaue Land

Dafür entstand in den Anfangsjahren des 20. Jahrhunderts ein Gutshaus direkt am Ufer. Architekt war Georg von Hauberrisser, der schon das neugotische Neue Münchner Rathaus entworfen hatte. Zwei verspielte Türmchen künden auch am sogenannten Wörther Schlösschen von Hauberrissers Gotik-Begeisterung.

Zu Beginn des 20. Jahrhunderts tat sich in Murnau und am Staffelsee eine Künstlerkolonie zusammen, die Weltruhm erlangen sollte. Ihr gehörten Gabriele Münter, Wassily Kandinsky, Alexej Jawlensky und Marianne von Werefkin an. Auf ihren Bildern ist der Staffelsee mit seinen Inseln oft zu sehen. Franz Marc arbeitete 1911 im Angesicht des Sees an seinem Almanach *Der Blaue Reiter*. Es ist ein schöner Zug, dass nach ihm die Region um den Staffelsee heute die Bezeichnung Blaues Land erhalten hat.

Blökende Bewohner zur Landschaftspflege

Eine Herde Rinder vom Typ „Auerochse" betätigt sich auf der Wörth als Rasenmäher und Landschaftspfleger.

See und Insel Wörth sind im Besitz des Freistaats, der das Gutshaus, den landwirtschaftlichen Betrieb und die Weideflächen verpachtet hat. Seit 2006 lebt eine Herde Heckrinder auf der Insel. Die uns eher als Auerochsen bekannten urigen Rindviecher mit ihren ausladenden Hörnern rupfen Gras, kleines Gesträuch und Büsche und bewahren auf diese Weise die Insel vor dem allmählichen Zuwachsen. Sie werden bis 800 Kilogramm schwer und leben ganzjährig, auch im strengsten Winter, im Freien. Die Wörther Wildrinder dienen der Landschaftspflege und stapfen wild und frei auf der gesamten Insel herum. Warnschilder weisen Besucher an, gegenüber den an sich friedliebenden Wiederkäuern einen Abstand von etwa 50 Metern zu wahren. Im Winter, sobald der See zugefroren ist, hält ein Elektrozaun die Tiere von der Eisfläche ab.

Die Simpertkapelle mit ihren 1999 restaurierten Fresken ist generell geschlossen. Ein Anruf im Pfarramt Seehausen klärt über Besuchszeiten auf und gibt Auskunft über Möglichkeiten zu Hochzeit und Taufe

Die Simpertkapelle ist normalerweise geschlossen. Für Taufen oder Hochzeiten wird sie aber geöffnet.

auf der Insel. Die archäologisch freigelegten Mauern wurden aus konservatorischen Gründen wieder zugeschüttet. Seit 2005 informiert aber ein schön gestalteter archäologischer Park mit Schautafeln über die Vor- und Frühgeschichte der Insel. Nachgebaute Fundamentmauern zeichnen die Grundrisse der Römerbauten und der frühen Kirchen- und Klosterbauten anschaulich nach.

Inselkunst: Die Skulpturen auf hohen Stelen sollen an die von „Hunnen" ermordeten Mönche erinnern.

Inselinfos: Die Wörth und ihre sechs kleineren Schwestern

Informationen und Fundstücke zur Geschichte des Staffelsees befinden sich im Heimatmuseum Seehausen.

Wörth wird von der regulären Staffelseeschifffahrt nicht direkt angefahren. Gruppen können die MS Seehausen aber für eine Sonderfahrt buchen. Ansonsten ist die Insel mit gemieteten Ruder- oder Tretbooten zu erreichen. Es gibt eine extra Anlegestelle für Besucher. Paddlern sowie geübten Schwimmern

Seehausen am Ostufer des Staffelsees. Im Vordergrund die kleine Jakobsinsel.

empfiehlt sich die Strecke von der Halbinsel Burg zur Jakobsinsel und von dort weiter zur Wörth. Hier schimmern nämlich noch die alten Pfähle der einstigen Brücke herauf. Für Biologen höchst interessant sind die Süßwasserschwämme, die sich hier angesiedelt haben und bis zu einem Meter groß werden. Sie sind Indikatoren für beste Wasserqualität!

An manchen Sommertagen bietet die Staffelseeschifffahrt Sonder-Rundfahrten an, auf der sämtliche Inseln kurzzeitig angefahren werden. Ansonsten ist man auf eigene oder gemietete Boote angewiesen. Alle Inseln sind übrigens Landschaftsschutzgebiet und nur mit Einschränkungen betretbar. Eine gar nicht so seltene Möglichkeit, die Inseln trockenen Fußes zu erreichen, ergibt sich in strengen Wintern. Der Staffelsee – im Sommer einer der wärmsten Badeseen überhaupt – friert relativ schnell zu. Mit

Schlittschuhen oder zu Fuß übers Eis zu den Inseln zu wandern ist ein wahrer Wintertraum.

Ein besonderes Datum des Kirchenjahres sollte man sich merken: Den katholischen Feiertag Fronleichnam, zehn Tage nach Pfingsten. Denn die Seeprozession auf dem Staffelsee ist für alle Teilnehmer ein unvergessliches Erlebnis. Von der Pfarrkirche Seehausen aus stechen bis zu 80 geschmückte Boote in See, um über die Jakobsinsel zur Inselkapelle auf der Wörth zu fahren. An der Spitze fährt der große Nachen mit dem Pfarrherrn, dem Allerheiligsten unter dem Baldachin und dem Kirchenchor, gefolgt von den in ihren Booten sitzenden und stehenden Einheimischen in festlicher Tracht.

Die Jakobsinsel zwischen Wörth und der Halbinsel Burg ist die kleinste Staffelseeinsel. Bis ins 18. Jahrhundert diente sie als natür-

Eine Fronleichnamsprozession ist keine mausgraue Angelegenheit, sondern sprüht vor Farbenfreude.

licher mittlerer Pfeiler des Holzstegs zur Insel. Das Inselchen trägt das dreieinhalb Meter hohe Inselkreuz, das 2007 von den Staffelseebewohnern eigens nach Rom transportiert wurde, um vom bayerischen Papst Benedikt gesegnet zu werden.

Buchau, die sich wie eine skandinavische Schäre zehn Meter hoch aus dem See herausbuckelt, ist die zweitgrößte Insel. Sie trägt einen Campingplatz der besonderen Sorte, nämlich einen reinen Zeltplatz ohne Fahrzeuge, ohne Wohnmobile und ohne Hunde. Dafür wird Buchau im Sommer regelmäßig von der Fähre *D'Fischerin* angefahren. Mit dem Ruderboot ist sie auf kürzestem Weg über 200 Meter Seestrecke erreichbar.

Auf der Großen Birke – einer weiteren Staffelseeinsel – hat der Deutsche Kanuverband einen einfach gehaltenen Naturzeltplatz für seine Mitglieder eingerichtet. Tagesbesucher werden aber gegen Entgelt aufgenommen. Die östlich daneben liegende Kleine Birke ist schon fast zugewachsen. Wer hier im Sommer an Land geht, sollte sich nicht an den Nackerten stören, die sich hier schon seit Langem tummeln.

Die Birkinseln sind am besten auf dem Seeweg über die Wörth zu erreichen. Kürzer und daher empfehlenswerter ist der Seeweg über die Wörth. Die Namen beider Inseln gehen übrigens nicht auf die Birke zurück, sondern auf Burg. Man vermutet, dass sie in vorgeschichtlicher Zeit als Zufluchtsstätten benutzt worden sind.

Mühlwörth liegt immerhin 300 Meter vom Ufer entfernt und ist – wie alle Staffelseeinseln – dicht mit Bäumen und Buschwerk bedeckt, auf denen sich allabendlich gerne Dohlen und Krähen versammeln. Mühlwörth ist daher heute eher als die Rabeninsel bekannt. Ausgewilderte Kulturpflanzen deuten darauf hin, dass Mühlwörth früher gärtnerisch genutzt wurde. Das winzige Graden- (oder Gnaden-?) Eiland verfügt gerade mal über 890 Quadratmeter und liegt zwischen Seehausen und der Insel Buchau.

Das Ufer des Sees ist größtenteils zugänglich. Ein 22 Kilometer langer, beschilderter Rundwanderweg führt in Seenähe entlang durch abwechslungsreiche Landschaften. Immer wieder kommen die Inseln ins Blickfeld. Radler sind allerdings auf dem Weg, der sich häufig als Pfad durch sensibles Filzen- und Moorgelände schlängelt, unerwünscht.

Die Volksfrömmigkeit zeigt sich auch in kleinen Dingen wie etwa diesem Kreuz am Ufer.

Die Felsenfestung Sassau im Walchensee

Geschützt durch den See war der Klosterschatz von Benediktbeuern vor Plünderungen sicher

Die Insel Sassau im Walchensee. Der Name kommt vom lateinischen „Saxum", was Fels bedeutet.

Am 1. November 1755 berichteten mehrere Fischer den Benediktbeurer Mönchen, dass sich zwischen acht und neun Uhr früh im Walchensee trotz Windstille „ein ungestümes Aufwallen und großes Brausen" getan habe. Dem Chronisten des Klosters erschien das nicht ungewöhnlich, schließlich wallte der Bergsee öfters auf. Die abergläubischen Einheimischen erklärten sich das mit einem riesigen Waller (Wels), der sich am Grund des Sees bewegt habe.

Doch der Chronist wurde stutzig, als nach mehreren Tagen bekannt wurde, dass just zur selben Stunde die Hafenstadt Lissabon von einem gewaltigen Erd- und Seebeben zerstört worden war. Ein Verbindung zwischen dem als unergründlich geltenden Walchensee und dem Atlantik?

Der über 800 Meter hoch -gelegene, von den Kalkalpen überragte Bergsee hat die Menschen schon immer berührt. *Walchen* oder *Welsche* nannten die Bayern die rätoromanische Bevölkerung, die sich vor ihnen in die Alpen zurückzog. Bis ins 10. Jahrhundert hielt sich im oberen Isar- und Loisachtal die rätoromanische, aus dem Lateinischen stammende Sprache. Um den Walaha-See fanden die Walchen einen Rückzugsraum, der ihnen wegen seiner Kargheit und Winterkälte von den Bajuwaren nicht streitig gemacht wurde. Auch der Name der Walchensee-Insel Sassau geht auf das lateinische Saxum, Fels, zurück.

Bewegtes Wasser: Der Walchensee ist gefürchtet wegen seiner plötzlichen Stürme.

Tägliche Messe wider den Walchensee-Waller

Später vergaß man den Bezug des Sees zu den Walchen und erklärte sich seinen Namen mit dem sagenhaften Riesenwaller auf seinem Grund. Die wirklich ungewöhnliche Tiefe von fast 200 Metern war bis ins 19. Jahrhundert nicht messbar; der See galt daher als unergründlich. Dass er selbst bei seiner Höhenlage und den Schneestürmen zur Winterzeit nicht zufror, wurde als ein weiteres Indiz seiner Unheimlichkeit gewertet.

Unerklärlichen Phänomenen, wie plötzlichem Brausen und Toben des Wassers, versuchte man durch Opfergaben beizukommen. So sollte jährlich ein Goldring versenkt werden. Menschenopfer wählte sich der See unter den Fischern selbst.

Blick vom Heimgarten: Rechts die Insel Sassau. Links im Hintergrund die Jachenau.

Und alle Bewohner des Oberlands fürchteten den Tag, an dem der Walchensee den Kesselbergpass durchbräche, tobend in den 200 Meter tiefer gelegenen Kochelsee stürzte und die Wassermassen das ganze Bayerland verschlänge. Besonders der verschwenderische Kurfürstenhof in der Münchner Residenz mit seinen bigotten Herrschern und parfümierten Mätressen ängstigte sich vor dem göttlichen Zorn, der sich im Walchensee zusammenbraute. Viele Untertanen hofften indes, dass einmal ein Schwall eiskalten Bergwassers den in Saus und Braus lebenden Kavalieren und Hofdamen die Allongeperücken vom Kopf risse. Gegen jene drohende Unbill ließen die Kurfürsten bis 1783 täglich eine Messe lesen!

Von Wellen umtost, von Feinden bedroht: Felsenfestung Sassau

Wie die bogenförmige Rückenflosse eines aus unendlicher Tiefe auftauchenden, stachelbewehrten Urtiers durchbricht das Felsenriff Sassau die smaragdfarbene Wasseroberfläche. Mit 360 Metern Länge und 90 Metern Breite und einer Gipfelhöhe von 13 Metern könnte man sie auch für ein zu Stein erstarrtes Schiff halten. Vom Ort Walchensee am Westufer ist sie über fünf Kilometer entfernt, vom unbewohnten Ostufer unterhalb des steilen Fischbergs aber nur 210 Meter.

Aufgrund ihrer abgelegenen Lage inmitten des unheimlichen Sees schien sie den Mönchen in Benediktbeuern ein idealer Zufluchtsort in Kriegszeiten zu sein. Schließlich galt das Benediktinerkloster am Ufer des Kochelsees als eines der reichsten Konvente Süddeutschlands. Besonders in der Barockzeit blühte es durch Bergbau, Salzgewinnung, Forstwirtschaft und Fischzucht wirtschaftlich auf. Fielen feindliche Truppen in Bayern ein, war Benediktbeuern mit seinen gefüllten Kassen und Kirchenschätzen eines der ersten Ziele. 1551 wurde es während des Schmalkaldischen Krieges restlos ausgeplündert, erholte sich aber wieder. Die Mönche suchten aber nun nach einem Versteck und Fluchtort – und fanden es hoch droben im Walchensee. 1632 suchten die Schweden, nachdem sie München besetzt hatten, das ganze Oberland heim. Während der Schwedenkönig Gustav Adolf in der Residenzstadt auf Zucht und Ordnung seiner Truppen hielt, durchzogen schwedische Marodeure ganz Bayern südlich der Donau, eroberten die Märkte und Kleinstädte, erpressten Lösegeld, zündeten Dörfer an und raubten das ganze Land aus. Wer

Blick vom Herzogstand: Vom Ort Walchensee schwebt eine Seilbahn herauf.

Blick vom Jochberg: Oft schimmert das Wasser des Walchensees ganz grün.

von den gefangenen Bauern nicht preisgeben wollte, wo er seine wenigen Wertsachen vergraben hatte, wurde mit dem Schwedentrunk traktiert. Dabei wurde den Opfern Jauche in den aufgerissenen Mund gepresst – wobei die Schweden behaupten, dies hätten nur ihre finnischen und lappischen Hilfstruppen getan.

Als schwedische Reiter im Mai 1632 Kloster Beuerberg niederbrannten und sich Benediktbeuern näherten, verließen alle Mönche bis auf den Klosterprior Simon Speer das Kloster und brachten die kirchlichen Hauptkostbarkeiten über den Kesselberg hinauf zum Walchensee. Dort beluden sie mehrere Nachen und Einbäume und ruderten hinüber zur Sassau.

Der Legende nach fielen bei der Flucht mehrere Goldkelche ins Wasser und versanken. Bis heute suchen Taucher nach diesem legendären Klosterschatz im See. Dem im Kloster ausharrenden Prior erging es übel, als die Schweden einbrachen – aber der tapfere Gottesmann verriet nichts und starb als Märtyrer. 1634 kam nach dem vorläufigen Abzug der Schweden die Gegenseite zum Zug. Die kaiserlich-österreichischen Husaren und spanischen Dragoner führten sich im Kloster allerdings genauso schändlich auf.

Gut, dass die Mönche ihre Schätze nicht zurückgebracht hatten, sondern auf Sassau beließen. 1646 kehrte mit den Schweden die Kriegsfurie noch einmal zurück. Noch im letzten Jahr des 30-jährigen Krieges 1648 drohten sie das Kloster abzubrennen, mussten sich dann aber vor dem Widerstand der Tölzer Gebirgsschützen, der Bauern und Klosteruntertanen zurückziehen.

Erst nach dem Westfälischen Frieden 1648 konnten die Mönche darangehen, ihre auf

Sassau deponierten Schätze und Heiligtümer wieder zurückzubringen. Allerdings blieb man gewarnt, zumal mit dem Spanischen Erbfolgekrieg 1703 neues Unheil drohte. Noch vor dem Ausbruch der Feindseligkeiten zwischen Bayern und Österreich hatte Abt Eliland Öttl vorgesorgt und die Insel Sassau mit einer Palisadenwehr und gemauerten Gefechtsunterständen befestigen lassen. Mehrere Feldschlangen, mit deren langen Kanonenrohren man sowohl auf lange Distanz mit Kugeln wie auch auf kurze Entfernung mit gehacktem Blei schießen konnte, verwandelten die Insel in ein steinernes, feuerspeiendes Schlachtschiff.

Als die Tiroler im Winter 1704 angriffen, bewährten sich die Benediktbeurer Schutzmaßnahmen. Sassau und die dort wieder eingelagerten Pretiosen blieben jedenfalls von Feindeshand unberührt.

In der Nähe des kleinen Weilers Sachenbach am Ostufer stehen noch die Kulissen für den Film „Wicki und die starken Männer" von Bully Herbig.

Gabelfrühstück mit Caffe für den bayerischen König Max II. Joseph

Hundert Jahre später genießt Max II. Joseph, bayerischer König von 1848 bis 1864, ein passionierter Alpenwanderer, die friedvolle Abgeschiedenheit der Insel. Gerne ließ er sich zur Sassau rudern, wo er ein Gabelfrühstück mit Caffe einzunehmen pflegte. Deshalb wurde dort inmitten der damals noch sichtbaren Kasematten – die Kanonen waren längst wegtransportiert worden – für Allerhöchst Denselben eine Kochstelle eingerichtet. „Der König wünscht drei weich gekochte Eier, ein zart gebratenes Huhn mit einigen Kartoffeln a la maitre d'hotel und Spinat. Dazu Wasser und Rotwein, nachher Caffe".

Dann wurde es still um das Riff. Der Wald wuchs auf ihm ungestört empor und durfte sich ohne Wildverbiss und Forsteinschlag entwickeln. Ein Mischwald von Buchen, Tannen und uralten Eiben bedeckt heute die Insel. An den Uferrändern finden Wasservögel ihr Brutgebiet und im Herbst lassen

sich Riesenschwärme von Zugvögeln nieder. Eigentlich klar, dass so ein Ort unter strengen Naturschutz fällt und nicht betreten werden darf.

Inselinfos: Das Landungsverbot wird strikt befolgt

Man muss das Inselchen auch gar nicht mit seinen Füßen betreten, um es kennenzulernen. Eine Umrundung in einem wie auch immer gearteten wind- oder muskelbetriebenen Wasserfahrzeug und ein Feldstecher in der Hand reichen völlig, um das Eiland aus gebührlichem Abstand überblicken zu können.

Vom wunderschönen Uferpfad zwischen Sachenbach und Niedernach aus hat man die Sassau immer neben sich. Von hier aus lässt sich der Fischberg besteigen. Schon auf halber Höhe hat man einen wunderbaren Blick auf das unten im grünblauen See liegende Inselchen. Kommt Wind auf, bricht sich die Gischt am Kies- und Felsenufer und umgibt Sassau mit einem weißen Kranz.

Die Ruhe trügt, denn die meist plötzlich einsetzende Thermik und ruppige Windböen lassen die Wellen des Walchensees und die Herzen der Surfer hoch schlagen.

Der See mit den meisten Inseln

Die Inselwelt im Eibsee ist das Ergebnis einer dramatischen Naturkatastrophe

Dunkle Nadelwälder, Felszacken und Bergspitzen umgeben das türkisgrün glitzernde Wasser. Vor 4000 Jahren brach die gesamte Nordflanke der Zugspitze ab und donnerte als ein riesiger Bergsturz zu Tal. Dabei verschütteten die Felsmassen einen ganzen Bergwald und begruben die Baumstämme unter sich. Einige Hölzer haben sich bis heute in bis zu 40 Metern Tiefe erhalten und boten 1993 die Möglichkeit, ihr Alter mittels der Radiokohlenstoffdatierung

Vor 4000 Jahren donnerte die ganze Nordflanke des Zugspitzmassivs zu Tal und grub ein gewaltiges Loch. Darinnen liegt heute der Eibsee.

Mit der Seilbahn gelangt man in wenigen Minuten auf den Gipfel des höchsten deutschen Berges.

archäologisch zu bestimmen. Das Ergebnis wies in die Jahre um 2000 v. Chr., d. h. in die beginnende Bronzezeit. Damals war das Loisachtal bereits dicht besiedelt, sodass zahlreiche Menschen dieses Inferno hautnah miterlebt haben müssen. Der Bergsturz schlug eine Mulde von fünf Kilometern Länge und einem halben Kilometer Breite in den Felsstock unter ihm, in der sich dann das Schmelzwasser zum Eibsee sammelte. Entsprechend unruhig ist der Seegrund, der von Tiefen zwischen drei und 35 Metern schwankt und neun Inseln aus dem Wasser ragen lässt.

Zugegeben, nicht alle der neun sind echte Inseln, sondern eher Riffe, Klippen oder auch nur Untiefen, die bei Sturmwind vom Wasser überspült werden. Bewohnt ist natürlich keine, nur auf der Sasseninsel steht eine kleine Holzhütte. Die mit Föhren bestandene Sasseninsel ist die größte, dann folgen die Ludwigsinsel, die Almbichl und die Maximiliansinsel. Schönbichl, Braxeninsel, Scheibeninsel und die Felstrümmer der Steinbichln sind kleiner und kahl. Die königlichen Namen erhielten die beiden Inselchen anlässlich eines Besuches „Seiner kgl. Hoheit Maximilian, Kronprinz von Bayern mit Höchstihrem Gefolge“ im September 1839.

Oft hüllt sich die Zugspitze in Wolken, dann wird das Wasser des Sees ganz dunkel.

Hochzeitsinsel im Bergsee

Früher nannte man diese Königsinseln die Heißeninseln oder ganz einfach die Schönen Inseln. Etwas jüngeren Datums ist das Holzblockhaus auf der Maximiliansinsel. Hier kann man sich vom Grainauer Standesbeamten trauen lassen. Ursprünglich war gedacht, dass das Brautpaar vorher persönlich über den See rudern müsse, doch darf man mittlerweile das Eibsee-Motorboot *Reserl* mieten.

Während der halbstündigen Rundfahrt an den Inseln vorbei erkennt man deutlich, dass es sich um Felsblöcke handelt, die während des Bergsturzes vom Zugspitzmassiv herabgerollt und hier zur Ruhe gekommen sind. Vom acht Kilometer langen Rundwanderweg um den See aus hat man sie immer im Blick. Vom Nordufer aus ließe sich die Eibseer Inselwelt auch erschwimmen. Die Wassertemperatur des immerhin 973 Meter hoch gelegenen Sees klettert zwar auch in heißen Sommern nicht über 19 Grad, dafür ist die Wasserqualität ausgezeichnet und es umgibt einen eine herrliche Gebirgskulisse.

Im Süden türmt sich das Zugspitzmassiv mit Deutschlands höchstem Berggipfel (2 962 Meter) auf, das zum See hin in die scharfkantige Waxensteinkette übergeht. Beim Blick auf den Zugspitzgipfel ist etwas unterhalb das weiße Viereck des Bayerischen Schneekars zu erkennen. Dort brach der Bergsturz aus und setzte sich in einer riesigen Staublawine in Bewegung. Monatelanger Starkregen, Frostsprengungen, aber auch Erdbeben könnten die Auslöser dieser Naturkatastrophe gewesen sein. Erdgeschichtlich gesehen ist das noch gar nicht so lange her. Die Einkerbung zwischen der Zugspitznordwand und der Großen Riffelwandspitze sieht immer noch wie eine frische Wunde aus.

Auf den naturbelassenen Wiesen im Loisachtal wächst auch das Knabenkraut, eine Orchideenart.

Blick vom Gipfel der Zugspitze auf den Eibsee. Dahinter versammeln sich die Ammergauer Alpen.

Im Westen ragt der 2340 Meter hohe Daniel empor und spiegelt sich manchmal in den Fluten des Eibsees.

Mystische Momente: Wenn die Nebel kommen, wird es schnell unheimlich.

Gegenüber, gegen Westen, spiegelt sich der 2342 Meter aufragende Daniel im See. Gegen Norden riegelt der Hohe Seeberg den Eibsee vom jungen Loisachtal ab. Dahinter erheben sich mit den schroffen Wänden der Kreuzspitze und dem Frieder, flankiert vom dunkel bewaldeten Kramer, die Ammergauer Alpen.

Gespeist wird der Eibsee von zwei Gießbächen, vom Kotbach, der von Nordwesten hereinstürzt, und vom Weiterbach im Süden. Ein weiterer kleiner Zufluss wird das *g'stinkerte* Wasser genannt, weil es manchmal Schwefelwasserstoff mit sich führt und dann nach faulen Eiern riecht. Der Eibsee ist ein typischer Blindsee, also ein See, der über keinen sichtbaren, oberirdischen Abfluss verfügt. Im Eibseebecken versickert das Wasser unterirdisch und tritt im Feuchtgebiet der Rohrlaine etwa 2000 Meter nordöstlich wieder aus. Die Wasserhöhe schwankt im Laufe der Jahreszeiten um die zwei Meter. Im März ist sie am geringsten, im August am höchsten. Nach starken Niederschlägen steigt der Pegel bis zu 2,5 Meter an und lässt die Inseln im Wasser, das nun eine milchig-trübe Färbung annimmt.

Berüchtigt sind übrigens die Eibsee-Gewitter. 35 Gewittertage pro Jahr sind keine Seltenheit. Wenn an schwülen Sommernachmittagen der Föhn zusammenbricht, ereignen sich dramatische Wetterstürze mit Hagelschauern und Sturmböen. Schon beim ersten Donnergrollen heißt es dann, die jeweilige Insel schleunigst zu verlassen.

Im Winter friert der See bis zu 100 Tage lang zu. Von den umliegenden Bergwänden fällt die Schneeluft herab und verdichtet sich um den Eibsee in einer ausgesprochenen Kaltluftsenke. Die Winterwanderer freut's, können sie die Eibsee-Inseln dann auf einer tragenden Eisdecke zu Fuß erreichen.

Auch der schmale Frillensee war ursprünglich ein Teil des Eibsees, bis er durch riesenhafte Bergsturzblöcke abgetrennt wurde. Er misst zwar nur 1,27 Hektar, fällt aber bis fünf Meter tief hinab. Da er mit dem Eibsee weiterhin unterirdisch verbunden ist, gleicht sich sein Wasserspiegel immer dem des Eibsees an.

Golden leuchtet das Gipfelkreuz auf der Zugspitze, Deutschlands höchstem Berg (2 962 Meter).

Bleiche Kalkfelsen und grünes Wasser: So findet man den Eibsee in Touristenprospekten.

Eibseekrebse für den Fürstbischof

Die längste Zeit lag der Eibsee abseits der Geschichte. Eine sagenhafte Erinnerung an die Bergkatastrophe mögen die kleine Drachenhöhle und der davor liegende Drachentümpel wiedergeben, die man bei der Eibsee-Umrundung am Nordufer passiert. Aber nicht nur Kinder fragen: In dieser kleinen Felsengrotte soll das Ungeheuer gehaust haben, das ganze Berge zum Einsturz bringen konnte?

Der dichte Bestand von Eiben hat dem See seinen Namen gegeben. Das harte, aber trotzdem leicht zu bearbeitende Eibenholz war gefragt zum Bau von Werkzeug, Waffen,

Furnieren und Musikinstrumenten. Bogen, Armbrüste und Pfeile wurden vorwiegend aus Eibenholz gefertigt. Entsprechend wurde Raubbau getrieben. Bereits im 18. Jahrhundert waren die Eibenwälder um den See stark dezimiert; heute existieren nur noch Restbestände.

In den langen katholischen Fastenzeiten stieg der Bedarf nach Fisch und Wassergetier. Auch am Eibsee waren Fischer tätig, die der fürstbischöflichen Tafel zu Freising in erster Linie die Eibsee-Edelkrebse lieferten, die als besondere Delikatesse galten. Heute ist diese einzigartige Krebspopulation leider vom Aussterben bedroht.

Die Zeiten sind vorbei, als auf dem Eis des Eibsees noch Rennen ausgetragen wurden.

Romantik oder Kitsch? Die Grenzen sind oft fließend, denn die Schönheit liegt im Auge des Betrachters.

Mit seinem Raketenschlitten erreichte Max Valier im Jahre 1929 auf dem Eis sagenhafte 110 Stundenkilometer.

Eine Fischerfamilie hatte den See übrigens 1803 käuflich erworben und bis heute ist der Eibsee – nach mehreren Besitzerwechseln – Privateigentum geblieben.

Der Alpenwanderer Hermann von Barth kam 1871 am See vorbei und schrieb: „Nahen Fremde, so kommen halbnackte Kinder aus der Fischerhütte und bieten Alpenrosen zum Kauf an oder schießen ein Pistol ab, um durch dessen Krachen das siebenfache Echo an der nahen Wand zu wecken, das wie lange fortrollender Donner in den Schluchten des Zugspitz-Labyrinthes verhallt."

Eine Beschreibung von 1879 betonte weiterhin die Lage des Sees „inmitten einer Gegend, wo die Natur in bizarrer Sprödigkeit einen düstern, menschenscheuen Charakter trägt".

Touristischer Hotspot

Mit der Einsamkeit war es spätestens Ende des 19. Jahrhunderts vorbei, denn mittlerweile hatte ja, wie beschrieben, der königlich-bayerische Hofstaat höchstselbst hier geweilt und den See quasi geadelt. Auch das Münchner Bürgertum und noch viel mehr die preußischen Nordlichter entdeckten nun die Schönheiten des Alpenraumes und erklommen in Scharen alle Gipfel. So entstand im Jahre 1900 der erste Gasthof am Eibsee. Bald war er zu klein und wich 1913 einem Hotel. Der ehemals steile Saumpfad wurde zu einer auch für Automobile geeigneten Zufahrtsstraße ausgebaut. 1922 entstand das luxuriöse Eibseehotel. Film- und Musikgrößen wie Hans Albers und Richard Strauss gehörten zu den Stammgästen. Im Februar 1929 zündete Max Valier auf dem zugefrorenen See seinen Raketenschlitten und raste mit 110 Stundenkilometern zwischen den Felseninseln hindurch. Von 1946 bis 1972 beschlagnahmte die US-Army Hotel und See als *Special Recreation Area*. Seit 1972 führt die alte Eigentümerfamilie ihre mehr als 100-jährige Hoteltradition im besten Sinne fort.

Sogar Autos fuhren in den 20er Jahren über den zugefrorenen Eibsee, begleitet von Sportflugzeugen.

Inselinfos: Einblicke in eine Naturkatastrophe

1963 wurde die Eibseeseilbahn in Betrieb genommen. Ihre leicht schwankenden Gondeln eröffnen auf ihrem 4450 Meter langen Weg, der 1950 Höhenmeter zwischen der Eibseestation und der Bergstation am Zugspitzgipfel überwindet und zehn Minuten benötigt, die wohl eindrucksvollsten und auch unvergesslichsten Bilder des Eibsees und seiner Inselwelt.

Das Motorboot *Reserl* unternimmt 20-minütige Rundfahrten und fährt nahe an den Inseln vorbei. Mit einem gemieteten Ruder- oder Tretboot kann man auch direkt auf den Felseninselchen anlanden. Der 7,5 Kilometer lange Seerundweg gewährt nicht nur Inselblicke, sondern eine hochalpine Schau auf das Zugspitzmassiv und den Ausbruchskrater der Eibsee-Naturkatastrophe vor 4 000 Jahren.

Rosengesäumtes Rückzugsgebiet

Die wechselvolle Geschichte der Roseninsel beflügelt die Phantasien der Besucher bis heute

Die Roseninsel im Starnberger See: Im Rondell wachsen im Sommer Tausende duftender Rosen.

Der Starnberger See ist das wasserreichste Gewässer des bayerischen Voralpenraums. Mit 56,53 Quadratkilometern Fläche übertrifft er knapp den Ammersee, ist aber deutlich kleiner als der Chiemsee. Sein Volumen verdankt der Starnberger See seiner beträchtlichen Durchschnittstiefe von 53 Metern. Seine tiefste Stelle fällt 128 Meter zum Seegrund ab. Vor dem Westufer schwimmt ein grüner Flecken im

Mit der Ruhe ist es vorbei, wenn Touristen mit der Fähre hinüberfahren.

Wasser: Die Roseninsel, eine wahre Schatzinsel in geschichtlicher, künstlerischer und touristischer Hinsicht.

Als im 19. Jahrhundert der Fremdenverkehr einsetzte und viele Neu-Münchner und Nordlichter das Oberland besuchten, fragten sie indigniert nach dem vermeintlichen Gewürm im Würmsee. Es war aber der Abfluss des Sees im Norden, der für diesen Namen verantwortlich zeichnete, nämlich das Flüsschen Würm, das sich erst durch Sumpf und Moore schlängelt, an Gauting und Pasing vorbei plätschert und nach 35 Kilometern in die Amper mündet.

So setzte sich der Name Starnberger See durch, benannt nach der größten Ortschaft am See. 1851 lief zum crsten Mal ein Raddampfer, der *Maximilian*, vom Hafen Starnberg aus. Seit 1854 war Starnberg mit München durch eine regelmäßig verkehrende Dampf-Eisenbahn verbunden. Und 1893 wurde die direkte Bahnstrecke vom Starnberger Flügelbahnhof in München zum Hafen Starnberg eröffnet.

Fährmann Norbert Pohlus erzählt viele Details, während er sein Elektroboot hinübersteuert.

Auf dem kurfürstlichen Prunkschiff Bucentaur fanden bis zu 300 Personen Platz.

Würmsee und Herrensee

Bei den einheimischen Oberländern kursierten noch andere Seenamen. Der Ammersee war für sie der Bauernsee, weil seine Ufer in erster Linie landwirtschaftlich geprägt waren und sich die Städter hier relativ selten blicken ließen. Der Starnberger See hingegen galt als der Herrensee. Und in der Tat lockten seine sanften Anhöhen vor der Kulisse der Alpen schon seit dem späten Mittelalter Prälaten und Patrizier an, die sich an seinen Gestaden Ansitze und Herrenhäuser erbauen ließen. Im 19. Jahrhundert folgten ihnen reiche Großbürger aus München und aus ganz Deutschland, deren Villen und Landsitze den See säumten und Künstler und Poeten anzogen. Bis heute hat sich an der Attraktivität des Sees für den Geldadel nichts geändert, wenn auch der Künstler- und Literatenanteil stark zurückgegangen ist.

Eine besonders enge Beziehung baute das wittelsbachische Herrscherhaus zum See auf. Von ihren Residenzen in München, in

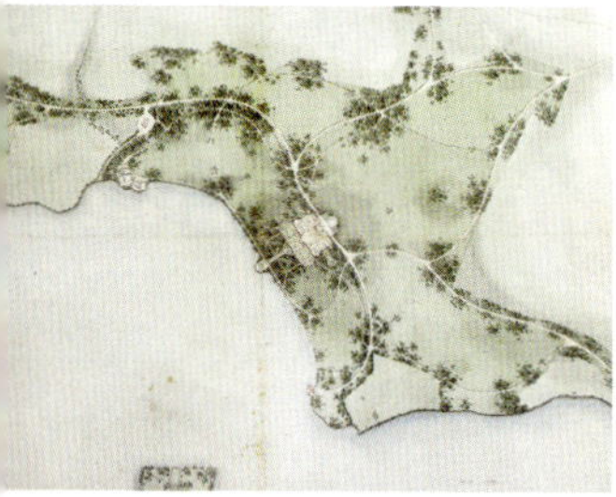

Nach dem Kauf der Insel ließen die Wittelsbacher erste Pläne für die gärtnerische Gestaltung ausarbeiten.

Nymphenburg und Forstenried aus war der See in einer halben Tagesreise bequem zu erreichen, was ihm bald die bewundernde Bezeichnung Fürstensee einbrachte. In der Barock- und Rokokozeit lud der kurfürstliche Hof zu Lustpartien und Gondelfahrten ein. Von Starnberg stieß der Bucentaur in See, ein reich ausgestattetes Prunkschiff, umkreist von einer Flottille venezianischer Gondeln und Nachen mit Proviant. Der Bucentaur war eine dem venezianischen Flaggschiff Bucintoro (Goldene Barke) nachempfundene Galeere, die von 64 Riemen, an denen insgesamt 110 Ruderer saßen, fortbewegt wurde. Die Dimension der Galeere war für ein Binnengewässer geradezu riesig: Fast 30 Meter lang, neun Meter breit und in zwei Stockwerken fünf Meter hoch. 300 Personen von Stand fanden Platz. Prächtig waren die Verzierungen mit Löwenköpfen, Seejungfrauen und Delphinen. Auf Deck servierten livrierte Diener funkelnden Malvasierwein. Allerfeinste Spei-

Kunst im Wasser: Am Starnberger Seespitz steht vor dem Pavillon eine bunte Stele im See.

Das Casino von Süden. Der Blick durch die freie Sichtachse reicht bis zur Alpenkette hin.

Auf der Roseninsel finden hin und wieder klassische Konzerte statt. Hier spielt Kristin von der Goltz auf ihrem Barock-Cello.

sen wurden auf dem *Kuchelschiff* zubereitet. Der Bucentaur wurde 1663 fertiggestellt. Es diente als hochfürstliches Leibschiff und hatte keine andere Aufgabe, als dem Vergnügen und der Zersteuung zu dienen.

Besonderer Gunst erfreuten sich im Sommer nächtliche, illuminierte Ausfahrten mit Musik, Böllerschüssen und Feuerwerk. Für angeheiterte Kavaliere und Hofdamen bedeutete es einen besonderen Spaß, sich gegenseitig ins Wasser zu befördern. Von Ruderbooten mit Fackeln wurden sie dann aufgelesen. Fischer und untertänige Bauern waren bei all diesen Festivitäten verpflichtet, Hand- und Spanndienste zu leisten, das heißt als Fuhrleute, Sänftenträger, Ruderer und Fährmänner stets zu Diensten zu sein.

Als standesgemäßes Jagdvergnügen galt die Hirschhatz im See. Dafür wurden von Jägern und Treibern ganze Rudel von Damwild und Hirschen aus den umliegenden Wäldern zusammengetrieben und ins Wasser gehetzt. Dort erwartete sie dann die fürstliche Jagdgesellschaft. Vom Bucentaur und seinen Begleitschiffen aus schossen die adeligen Damen und Herren aus allen Rohren, sodass die Büchsenspanner und Flintenputzer gar nicht mehr nachkamen. Ein furchtbares Blutbad war die Folge, das den See noch tagelang blutig färbte und Tierkadaver ans Land spülte. Bis in die Mitte des 18. Jahrhunderts erlebte der Fürstensee diese absonderlichen Vergnügungen. 1758 dann wurde das Prunkschiff abgewrackt und die Wasserhetzjagden eingestellt.

Ein maßstabgerechtes Modell des Bucentaur ist im Starnberger Heimatmuseum aufgestellt.

Westenrieders Aufklärung über den Würmb- oder Starenbergersee

Dem Münchner Gelehrten und Professor Lorenz von Westenrieder (1748 bis 1829) verdanken wir eine aufschlussreiche „Beschreibung des Würmb- oder Starenbergersees". Vordergründig handelt es sich bei der 1784 publizierten Schrift um eine reine Orts- und Landschaftsbeschreibung, doch im Hintergrund hält der der Aufklärung verpflichtete Autor nicht hinter dem Berg mit Kritik an den überkommenen feudalen und klerikalen Verhältnissen, dem Aberglauben und der ökonomischen Rückständigkeit der Landbevölkerung.

Der einzigen Insel im See, die Wörth genannt, widmet er ein eigenes Kapitel. Er beschreibt ihren Umfang, ihren ökonomischen Ertrag und ihre Geschichte. Angesichts der Stille und Verlassenheit, die er auf dem Eiland empfindet, überkam den ansonsten nüchternen Westenrieder eine seltsame Prophetie: „Groß genug wäre die Insel, um darin irgendeinen Kummer zu begraben, auch groß genug, um zwey Herzen aufzunehmen, die nichts wünschen, als ihr Glück vor den Augen des Neids zu verbergen." Haben nicht der Märchenkönig Ludwig und seine Cousine Sisi genau dies 100 Jahre später versucht?

Prinzessinnen im Puppenformat: Die Geschwister Elisabeth („Sisi") und Sophie.

Die Spitze der gläsernen Säule besteht aus der vergoldeten Statuette eines Mädchens, das einen Papagei mit Trauben füttert.

Zu Beginn des 19. Jahrhunderts wurde der See von den Romantikern entdeckt. Auch das bayerische Königshaus fühlte sich vom See und seiner lieblichen Umgebung angezogen und erwarb eine Reihe von Landschlösschen, die dann zu königlichen Sommersitzen und Nebenresidenzen ausgebaut wurden: Dies waren die Schlösser Berg, Possenhofen, Garatshausen und Feldafing.

Das zugewachsene Eiland mit seiner verwunschenen Kirchenruine übte auf König Max II. und seine begeisterungsfähige und wanderfreudige Gemahlin Marie einen besonders starken Reiz aus. 1831 scheint sich der damals 19-jährige Kronprinz zum ersten Mal auf der Insel aufgehalten zu haben. Den Plan seiner Räte, hier seine Studienstiftung Maximilianeum unterzubringen, verwarf er bald. Ihm schwebte eher ein privates Domizil vor. Im Oktober 1850 erwarb das Königspaar

die Wörth für einen Batzen Geld vom damaligen Besitzer, dem Fischerwirt Peter Kugelmüller. Und sofort traten, vom Monarchen berufen, Architekten und Gartengestalter auf den Plan und nahmen sich des Inselchens an.

Das Casino von Osten her mit dem kreisförmig angelegten Rosengarten und der weißblauen Glassäule.

Königin Marie, die Rosenliebhaberin

Das ursprüngliche Baukonzept sah zudem einen Schlossbau auf der Feldafinger Uferanhöhe vor. Zur Ausführung kam aber nur der Landschaftsgarten, der heute Feldafinger Park heißt und zum Teil als Golfplatz genutzt wird. Zügiger ging es auf der Insel voran. 1853 war das königliche Sommerhaus, genannt Casino, bezugsbereit.

Die Anlage des vom Herrscherpaar gewünschten Rosariums mit hunderten von weißen und roten Rosen dauerte noch an. Die prächtigen Rosen, deren Duft weit über den

Ruinen einer mittelalterlichen Kirche: Deren Westgiebel wurde nun in das Gärtnerhaus integriert.

See zog, schufen den neuen Namen der Insel. Aus der simplen Wörth wurde die Roseninsel. Mit ihrer baulichen und gärtnerischen Umgestaltung ab 1850 beginnt die moderne Geschichte der Insel, die wir heute noch an ihren Bauten verfolgen können.

Doch zu dem Zeitpunkt, als Max und Marie die Wörth betraten, hatte die Seeinsel schon eine abwechslungsreiche, mehrtausendjährige Geschichte hinter sich. Legenden und Sagen gab es viele. Von frevelhaften Rittern, die hierher verbannt wurden und manchmal mit der Wilden Jagd über den Seehimmel brausten oder von tugendsamen Jungfern, die hierher flüchteten. Selbst der fortschrittliche Westenrieder fabelte noch von einem uralten „heidnischen Tempel im Alterthume, der einst hier gestanden" habe.

Auch fiel den Fischersleuten über Generationen hinweg auf, dass die Insel wachse und sich ausdehne. Das stimmt. Noch zu Beginn des 19. Jahrhunderts verfügte sie über eine Fläche von nur 1,3 Hektar und war über 200 Meter vom Westufer entfernt. Als die Wittelsbacher sie erwarben, waren es schon 1,5 Hektar. Durch künstliche Anschüttung der Ufer wuchs die Insel auf 1, 72 Hektar, und heute misst sie mit 230 Meter Länge und 176 Meter Breite 2,56 Hektar und ihre Distanz vom Uferstreifen bei Feldafing beträgt nur 170 m. Das Phänomen wird durch natürliche Verlandung erklärt. Bis ins 19. Jahrhundert umgab die Insel ein breiter und dichter Schilfgürtel.

Geologisch gesehen ist die Roseninsel eine mit Seesedimenten und Humus bedeckte Kiesbank, die nur 1,60 Meter über den Wasserhorizont herausschaut. In prähistorischer Zeit allerdings lag der Seespiegel tiefer, sodass die Insel wie ein Hügelrücken aus dem Wasser auftauchte. Auch die zahlreichen Untiefen, welche die Roseninsel umgeben, ragten damals noch als Inselchen aus dem Wasser. Bei niedrigerem Wasserstand lugt heute zwischen Insel und Feldafinger Ufer noch eine Steinklippe heraus, der sogenannte Kormoran-Felsen.

Die Glocke am Landesteg, mit der man den Fährmann herbeiruft.

Wie ein abstraktes Gemälde – die Spiegelung der vertäuten Segelboote im blaugrünen Wasser.

Aus der Luft erkennt man gut, wie flach das Wasser um die Roseninsel ist.

Pfahlbauten und Uferrandsiedlungen

Archäologisch nachgewiesen, reicht die Geschichte der Roseninsel 6000 Jahre bis in die Jungsteinzeit zurück. Pfahlreste einer Uferrandsiedlung und Töpferscherben weisen in das vierte vorchristliche Jahrtausend. Ein Einbaum, dessen Jahresringe im Holz eine Datierung auf ungefähr 900 v. Chr. nahelegen, wurde 1989 von Tauchern im Strandbereich entdeckt. Auch die Kelten hinterließen materielle Spuren auf der Insel. Vielleicht gehen die Sagen von Tempeln, vergrabenen Schätzen und Feen auf unsere keltischen Vorfahren zurück. Die Römer verwalteten das Gebiet vier friedliche nachchristliche Jahrhunderte lang. Sie legten Straßen an, errichteten Häuser aus Stein, bauten Gutshöfe, Bäder und Kastelle. Waren sie auch auf der Roseninsel? Man könnte es fast glauben, wenn man das von König Max II. initiierte, im römisch-pompejanischen Stil erbaute Casino betrachtet und von den spektakulären antiken Keramik- und Glasfunden erfährt, die inmitten der Insel nach 1850 zum Vorschein gekommen sein sollen. Es handelte sich dabei ohne Zweifel um Originale aus römischer Zeit. Aber eben um keine Funde von der Roseninsel, sondern um Exponate, die von außen kamen. Entweder hat sich hier jemand einen pseudo-wissenschaftlichen Jux erlaubt, indem er antike Scherben aus Italien auf der Insel verstreute (bis heute ein beliebter Scherz unter Archäologen) oder, wahrscheinlicher, es handelt sich um Keramik, die im Casino ausgestellt war und die irgendwie verloren gegangen ist.

Die Nachfolger der Römer, die Bajuwaren, haben immerhin mehrere Grabstätten mit Skeletten auf dem Eiland hinterlassen. Die wenigen Beigaben deuten auf ein bereits christliches Adelsgeschlecht hin, das sich auf der Insel im 7. oder 8. Jahrhundert eine damals noch hölzerne Kirche erbaute und einen Adelsfriedhof anlegen ließ. Zahnmedizinische Untersuchungen ergaben, dass selbst höhergestellte und gut ernährte männliche Bajuwaren der damaligen Zeit im Lebensalter von 50 Jahren keine fest sitzenden Zähne mehr besaßen.

Eine rasch erbaute Inselburg

Einem Zufall war es zu verdanken, dass im Jahr 1998 Erdspuren einer untergegangen, mittelalterlichen Befestigung entdeckt wurden. Freilich handelte es sich nicht um eine stolze Burganlage, welche die gesamte Insel mit Toren und Türmen umschlossen hat. Archäologische Sondierungen ergaben einen zwölf Meter breiten und bis zwei Meter tiefen Kreisgraben, der einen kleinen Burghügel von gerade mal 20 Metern Durchmesser umzog. Darauf erhob sich ein hölzerner

Die Fähre hat ihren Ruheplatz neben dem Bootshaus auf der Roseninsel.

Ein prächtiges Exemplar der seltenen schlitzblättrigen Buche prägt den parkartigen Charakter.

Wehrturm. Von ihm aus spähte man über den See und seine Ufer. Immerhin konnte auch der Ringgraben vom See aus geflutet werden. Da es keine schriftlichen Hinweise gibt, wissen wir nichts über Erbauungszeit, Zweck und Ende dieser Inselburg. In Urkunden des 16. Jahrhunderts wird zwar manchmal auf eine „versunkene Carlsburg“ hingewiesen, doch ist höchst unsicher, ob damit die Inselburg gemeint ist.

Solche einfachen Wehranlagen sind indessen typisch für das frühe 12. Jahrhundert. Während eines Kriegszuges oder falls Gefahr drohte, ließen sich derartige Erdhügelburgen in kurzer Zeit errichten. War die Situation bereinigt, wurden sie verlassen und aufgegeben. Das Gebälk ließ sich noch verwerten, aber Hügel und Graben verfielen und verflachten mit der Zeit und wurden vergessen. So wird es sich auch mit dieser ominösen Erdburg auf der Roseninsel verhalten haben, die wohl zwischen 1150 und 1200 nur kurze Zeit existiert hat. Nur eine ausladende Buche und ganz leichte Oberflächenspuren zwischen dem Gärtnerhaus und der neuen Bootshütte an der Nordspitze deuten heute ihre Lage auf der Insel an.

Das Kirchlein, ein ehemaliger Götzentempel?

Wir dürfen annehmen, dass die Insel seit jeher als Kultstätte gedient hat. Bekannt ist, dass die frühen christlichen Missionare gezielt die heidnischen Kultorte auswählten, um sie dem neuen Glauben dienstbar zu machen. Hin und wieder gibt das christliche Patrozinium Hinweise auf die Bedeutung der alten und neuen Glaubensstätte. Auf der Roseninsel walteten mit Michael und Laurentius ein veritabler Erzengel und ein Super-Märtyrer. Das spricht für ein hoch verehrtes und bedeutendes Gotteshaus. Schon die frühmittelalterliche Holzkirche stand in Beziehung zur bajuwarischen Führungsschicht. Die hölzerne Kapelle wurde spätestens im 12. Jahrhundert durch einen romanischen Steinbau ersetzt.

Bestand damals eine Wallfahrt zur Insel? Wann wurden die in den Schriftquellen immer wieder erwähnten hölzernen Brücken angelegt, über die Pilger zur Insel gelangten? Es gab eine Obere Brücke, die von der Südspitze zum Festland führte und eine Untere Brücke an der Nordostspitze. Pfähle beider Konstruktionen sind noch heute vom Boot aus in zwei bis sieben Metern Tiefe zu sehen. Aufgrund ihrer Jahresringe lassen sich die Eichen- und Tannenhölzer ins 14. Jahrhundert datieren. Archäologische Untersuchungen von Tauchern kamen zu dem Ergebnis, dass die Untere Brücke gar nicht zum Festland führte. Ihre Pfahlreihe verläuft nämlich parallel zum Ufer und endet nach 200 Metern über dem Seegrund. Es wird sich wohl um eine Fischereianlage oder um einen langen Landungssteg gehandelt haben. Dagegen verband die Obere Brücke wirklich die Insel mit dem Ufer des Festlands. Ihre massiven Pfähle wurden in einen künstlich im Wasser aufgeschütteten Kiesdamm gerammt. So entstand eine feste Brückenverbindung über 470 Meter Länge.

Irgendwie scheint die Inselkirche den Eifersüchteleien der umliegenden Pfarreien zum Opfer gefallen zu sein. Urkundlich erwähnt wird sie nämlich erst 1401, und zwar anlässlich ihrer Herabstufung zur Filialkirche der neuen Feldafinger Pfarrkirche.

Zu dieser Zeit bildete die Insel zusammen mit Feldafing eine Hofmark, einen Amtsbezirk, der gemeinsam verwaltet wurde. Bekannt ist, dass Herzog Wilhelm IV. diese

Tausende von Rosen blühen den ganzen Sommer über im Rondell vor dem Casino.

Der Speisesaal im Obergeschoss des Casinos mit den allegorischen Darstellungen der Jahreszeiten an den Wänden.

Hofmark, Außer Wörth (Festland) und Inner Wörth (Insel) genannt, anno 1545 an die Münchner Patrizier- und Richterfamilie Rosenbusch übergab. Ausdrücklich behielt sich der Landesherr aber das Recht vor, dass „die Insula Seiner Fürstlichen Gnaden zu Lust und Wohlgefallen jederzeit offen zu halten seye". Die Rosenbuschs konnten nicht ahnen, dass dieses Eiland, das sie wegen des fürstlichen Wege- und Betretungsrechts und der immer reparaturbedürftigen Brücken nur als Belastung empfanden, einmal als Roseninsel in die Geschichte eingehen würde. Allerdings nicht nach ihnen benannt, sondern nach dem Rosengarten, den König Max II. 300 Jahre später pflanzen ließ.

Die Sage gibt den Schweden die Schuld an der Verwüstung der Kirche und am Abbrennen der Brücke. Das ist keineswegs unglaubwürdig, denn 1632 durchzogen wirklich schwedische Truppen das bayerische Oberland und plünderten bevorzugt Kirchen und Klöster aus. Bei ihrem Raubzug entlang des

Starnberger Sees ist ihnen das kleine Eiland, zu dem sogar noch ein Steg hinüberführte, nicht entgangen. Weil nach dem Schwedenkrieg keine Landverbindung zur Insel mehr bestand, verfiel die Kirche immer mehr.

Nach dem 30-jährigen Krieg ließen die Rosenbuschs am Südwesteck der Insel einen stattlichen Ansitz erbauen, den sie aber kaum besuchten. Die Brücken blieben nämlich zerstört und auch die Kirche war längst zu einer Ruine zerfallen. Nur Fischer landeten hin und wieder an.

Während der glanzvollen höfischen Seefeste ließen sich vielleicht vom Bucentaur gefallene Hofdamen unter spitzen Schreien von Domestiken hierher rudern, um ihre Kavaliere, von denen erwartet wurde, dass sie den Damen ins Wasser nachsprängen, zu empfangen.

Im 18. Jahrhundert erwarben die Grafen von La Rosee die Hofmark Wörth. 1834 gingen die Besitzrechte erst an die Fischerdynastie Kugelmüller, dann an die Wittelsbacher über.

Nostalgische Ruinenromantik

Erst die Romantik und ihr Faible für verwunschene Orte der Vergangenheit und morbiden Charme rückte die Insel wieder ins Bewusstsein. Ihre Ruinen und von Efeu umrankten Mauern galten als Symbole einer verklärten, guten alten Zeit. Maler und Zeichner kamen nun, ließen sich über den See rudern und porträtierten das vom Gebüsch überdeckte Kirchlein. Franz Kugelmüllers Seewirtschaft zog Münchner Künstler und Studiosi an. Im Gastgarten trug er Fische auf und eine Schaukel erfreute besonders die Damenwelt. 1848 brannte das Gasthaus ab und wurde abgebrochen.

Aquarell von Gustav Seelos: Deutlich ist die Abschrägung der Decke im Speisesaal erkennbar, die damit der Dachform folgt.

Auf dem Kiesweg spaziert ein Pfau entlang, sie verteidigen ihr Revier oft recht vehement.

Und erst jetzt, als die Gäste aus der Stadt immer mehr nachfragten, erinnerten sich die Seebewohner der Märchen und Sagen vom uralten Götzentempel auf der Insel und von den zwei Stegen, die sie einst mit dem Festland verbanden. Kein Wunder, dass König Max und Königin Marie darauf aufmerksam wurden. Nachdem ihr Casino-Schlösschen 1853 bezugsfertig war und aus der Parkanlage die ersten Rosenstöcke sprossen, wurde das Kirchlein zugunsten des Gärtner- und Küchenhauses abgebrochen. Nur der acht Meter hohe Westgiebel blieb erhalten und wurde als Mauerfront in das einstöckige Gärtnerhaus integriert.

Um schneller von Schloss Berg oder von den anderen königlichen Domizilen zur Roseninsel zu kommen, ließ sich der König ein kleines, dampfbetriebenes Schaufelradboot bauen, das sein Sohn Ludwig II. dann *Tristan* nennen sollte.

Seit seiner umfassenden Renovierung von 1998 bis 2003 erstrahlt das Casino wieder in seinem ursprünglichen Glanz. Casino bedeutet eigentlich Häuschen und in übertragenem Sinne Gartenlaube oder Sommerhaus. Das ist

leicht untertrieben für die elegante zweistöckige Inselvilla, die im Baustil einem kleinen, römischen Sommerpalast nachgebaut ist. König Ludwig I. und sein Thronerbe Max II. waren Bewunderer der Antike und verfolgten mit Interesse die Ausgrabungen in Pompeji. So wurde das Casino mit pompejanischen Verzierungen, Wandmalereien und Bauattributen geschmückt. Skulpturen von Neptun und seinen Meeresgöttern, von Tritonen und Wassernixen weisen auf die Lage der Roseninsel inmitten des nassen Elements hin. Die farbigen Fresken und das spärliche, aber erlesene Mobiliar im Gartensaal und im höher gelegenen Speisesaal wurden originalgetreu rekonstruiert und können besichtigt werden. Darüber hinaus verleiht der Belvedere dem eleganten Bauwerk einen zusätzlichen Akzent.

Casino und Rosarium

An der Südseite des Türmchens prangt ein schwelgerisches Wandbild mit der Darstellung zweier nur leicht bekleideter Wassergöttinnen. Überhaupt wird das ganze licht-

Blick von Südwesten. Ein dichter Schilfgürtel hat früher auch die Roseninsel umgeben.

Diese Blüte duftet besonders stark und es gibt viele davon.

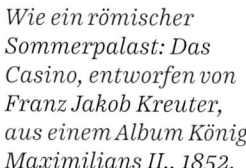

Wie ein römischer Sommerpalast: Das Casino, entworfen von Franz Jakob Kreuter, aus einem Album König Maximilians II., 1852.

durchflutete Casino von sublimer Erotik durchzogen. Das wiederhergestellte, mit Rosenstöcken bepflanzte Rondell bietet einen prächtigen Anblick. 380 Rosensorten wetteifern um die Gunst der Blumenliebhaber. Ein absoluter Blickfang ist die golden und weißblau funkelnde Glassäule im Mittelpunkt des Rosengartens. Die fünf Meter hohe Stele trägt die Statuette eines Mädchens, das einen Papagei mit Trauben füttert. Der preußische König Friedrich Wilhelm IV. spendete dieses ungewöhnliche Schmuckstück nach einem begeisterten Besuch auf der Roseninsel.

Um Casino und Rosengarten legt sich der Landschaftspark. Vier innere Rundwege stehen in Verbindung mit der Uferpromenade. Sie gewährt immer wieder neue überraschende Ausblicke auf den See. In königlicher Zeit luden ein Pavillon und lauschige Plätzchen zum Verweilen ein – sie existieren auch noch, doch fern abgeschiedene Ruhe will sich wegen des Besucherandranges nicht mehr so richtig einstellen.

Eine besondere Ehre bedeutete es, vom König zu Kamingesprächen auf die Roseninsel geladen zu werden. Max II. war ein Förderer der Wissenschaften und ließ sich gerne aus erster Hand über Forschungen in Technik, Medizin, Natur- und Kulturwissenschaften informieren. Den alabasterweißen Kaminofen, vor dem die Unterhaltungen stattfanden, können wir im Speisaal des Casinos noch bewundern.

Während Maximilian häufig Besuch empfing und die Insel während seiner Abwesenheit auch den gebildeten Ständen per Erlaubnisschein öffnen ließ, änderte sich dies nach seinem unerwartet frühen Tod 1864. Die abgeschiedene Lage der Roseninsel kam dem Hang des bei seinem Amtsantritt erst 19-jährigen, eher menschenscheuen Ludwig II. zur Einsamkeit und Melancholie entgegen. Sie sollte sein privates Refugium werden. Von Schloss Berg aus ließ er sich zu jeder Tages- und Nachtzeit auf dem Dampfschiff *Tristan* zur Insel bringen, um dort allein zu speisen und umherzuwandeln. Übrigens hatte er als Jugendlicher diese 13 Kilometer lange Seestrecke auch mehrfach durchschwommen! Das vorher mit Leben erfüllte Casino wandelte sich bald zur stillen Eremitage, in welcher der Monarch seinen Ideen und Phantasien nachhing. Die „stillen Tage", in denen der König sich vor dem „eklen Getriebe der gemeinen Welt" zurückziehen wollte, um „in erquickender Ruhe, in wonnigem Frieden, fern von dem Weltgetriebe Glück und Seligkeit" zu erleben, häuften sich.

Büste der Herzogin Sophie Charlotte in Bayern, einst Verlobte König Ludwigs II., dargestellt als designierte Königin von Bayern.

Der Kini betritt das Eiland

Bei der Regierung in München kamen die Extravaganzen weniger gut an. Mehrfach musste das gekrönte Staatsoberhaupt auf der Insel von Regierungsvertretern aufgespürt

König Ludwig II. in ziviler Kleidung, fotografiert etwa zur Zeit seiner Verlobung.

Figuren aus der antiken Mythologie schmücken den Speisesaal. Hier ist Diana dargestellt, die Göttin der Jagd.

werden, die ihn dann entweder in völliger Verklärung oder aufgekratzt deklamierend inmitten seiner wagnerianischen Phantasiewelt vorfanden. Denn zu den wenigen Auserwählten, die der König auf der Insel empfing, gehörte selbstverständlich auch der von ihm so verehrte Richard Wagner.

Episode blieben Ludwigs Heiratsabsichten mit der zwei Jahre jüngeren Prinzessin Sophie Charlotte, die einer Wittelsbachischen Nebenlinie entstammte. Die junge Dame, Kaiserin Sisis jüngste Schwester, lebte in Possenhofen und kannte daher das Roseneiland gut. Allerdings verursachten ihr die ätherischen Rosendüfte Migräne, weshalb sie die Insel ungern betrat. In Ludwigs Traumwelt scheint sie nicht hineingepasst zu haben und des jungen Königs schwärmerisches Vorhaben, mit der Jungfrau eine „Engelsehe" zu führen, war ihr wohl nicht genehm, wie ihr späterer, von Liebesabenteuern begleiteter Lebensweg zeigt.

Ludwig fühlte sich von älteren Frauen angezogen, von der Zarin Maria Alexandrowa zum Beispiel oder der Hofschauspielerin Lila Bulyowsky, von denen er sich gerne die Leviten lesen ließ. Beide Damen weilten auch auf der Roseninsel.

In der Bevölkerung wurde viel gemunkelt über das einsame Treiben des Kini und seiner wenigen, zumeist heimlichen Besucher auf der nun von aller Welt abgeschnittenen Insel im Starnberger See. Der königliche Zweispänner mit verhangenen Fenstern und Dienerschaft in Livree wurde oft in Feldafing gesehen. Dass der Kini im Mondschein im blausilbernen Hermelinumhang mit Krone und Szepter auf der Insel einherschritt, war gar nicht so unvorstellbar.

Eine besondere persönliche Beziehung bahnte sich zwischen dem Bayernkönig und der Kaiserin Elisabeth von Österreich an. Elisabeth, genannt Sisi, hatte ihre Kindheit im Possenhofener Schloss verlebt und kehrte in den Sommermonaten regelmäßig drei bis vier Wochen an den Starnberger See zurück. Als Quartier diente ihr das Grandhotel Strauch in Feldafing, heute Hotel Kaiserin Elisabeth. Die nahe Roseninsel hatte sie mit ihren sportlichen Geschwistern schon als Kind schwimmend erreicht. Auch als Erwachsene kraulte sie öfters hinüber. Dann wurde die Badeanstalt Strauch nur für sie reserviert. Boote hatten gebührenden Abstand zu halten.

Mit Sisi, ihrer Tochter Valerie und einer kleinen Dienerschaft erwachte das Casino wieder zu neuem Leben. Drüben in Schloss Berg weilte Ludwig, den Sisi ihren „Königsvetter“ nannte. Beide waren Cousin und Cousine zweiten Grades, der Altersunterschied betrug acht Jahre.

Zwar ist von häufigen melodramatischen Treffen der Kaiserin mit Ludwig auf der Ro-

Eine weitere allegorische Figur aus dem Speisesaal – hier der Sommer.

seninsel die Rede, doch in Wirklichkeit waren es nur wenige Begegnungen, die aber von beiden intensiv erlebt wurden. Wegen des Verschwiegenheitscharakters und der absoluten Diskretion aller Beteiligten lässt sich über den Ablauf der Rendezvous nichts sagen. Auf jeden Fall wurde die Etikette gewahrt.

„Von der Taube an den Aar"

Die Verabredungen erfolgten brieflich, wobei ein Geheimfach im Schreibtisch des Herrenzimmers im Casino als Depot diente. Jakob Lidl, des Königs verschwiegener Leibfischer, brachte die Briefe herüber und hinüber. Sisi adressierte „Von der Taube an den Adler". Wobei Taube für die energische und vom Leben bereits gezeichnete Elisabeth wenig passend erscheint. Später nannte sie sich Möwe. Auch Ludwig glich längst keinem „Aar auf Bergeshöhen" mehr. Während Sisi sich einen spindeldürren, durch Sport aber gestählten Leib anhungerte, nahm der König an Umfang

Die Südseite des Turms schmückt ein Gemälde von Philipp Foltz, das ein Seenixenpaar darstellt, natürlich eine Anspielung auf die Lage der Insel im See.

Ruhezimmer des Königs im Obergeschoss, wo er wohl auch gelegentlich Briefe schrieb.

immer mehr zu. Im Juni 1885 verpasste man sich. Elisabeth und ihre Töchter wollten ihn auf der Insel überraschen, trafen ihn aber auch in den nächsten Wochen nicht an.

Aus dem Briefwechsel, soweit er veröffentlicht ist, spricht viel gegenseitiges Vertrauen, wenn auch die realen menschlichen Probleme, von denen beide überreich heimgesucht wurden, überhaupt nicht zur Sprache kamen. Sisi erwiderte auf Ludwigs, in wunderlich altertümlicher Sprache geschriebene Briefe in eben demselben Echo. Auch auf Ludwigs lyrische Ergüsse antwortete sie in einem rührseligen Ton, der ihr überhaupt nicht zu eigen war. Man kann sich des Eindrucks kaum erwehren, dass die gereifte Frau ihren schwärmerischen Königsvetter dabei ein wenig auf den Arm nahm. In Sisis Possenhofener Familie jedenfalls gab das Verhalten und die Erscheinung des Königs des Öfteren Anlass zu mildem Spott oder Kopfschütteln. Auch war die ausgeschlagene Vermählung Ludwigs mit Sisis jüngster Schwester keineswegs vergessen und vergeben.

Der tragische Tod des Märchenkönigs im See vor Schloss Berg am 13. Juni 1886 traf die Kaiserin wie ein Schock, zumal sie zu diesem verhängnisvollen Zeitpunkt in Feldafing weilte. Ihr Wunsch, mit dem abgesetzten Monarchen in Berg sprechen zu dürfen, war ihr von der Münchner Regierung noch kurz vorher verweigert worden. Erst jetzt tauchte die durch den Selbstmord tief getroffene Kaiserin die Freundschaft mit Ludwig und ihr Beisammensein auf der Roseninsel in das verklärte Licht gegenseitiger Seelenverwandtschaft. Die Kaiserin erinnerte sich wehmütig:

Von der kleinen Roseninsel
kamen tausend süsse Düfte
des Jasmines Wohlgerüche
würzten hold die Abendlüfte

Ihre Tochter Marie Valerie bemerkte dazu: „Mama ist von Mitleid und Erinnerungen an schöne Stunden erfüllt und ganz verstört vor Kummer (...). Vielleicht hat Mama Unrecht zu sagen, der König war kein Narr, nur ein in anderen Ideenwelten lebender Sonderling."
Als Statue tritt uns Kaiserin Elisabeth im Gartensaal des Casinos entgegen. Je eine Büste erinnert an König Ludwig II. und seine Braut Sophie, Herzogin in Bayern.

Unter Ludwig II. war das Casino immer in Schuss gehalten und die Rosenbeete weiter gepflegt und gehegt worden. Seine kaiserliche Cousine sollte immer ein wohlgeordnetes Anwesen vorfinden.

Motive aus Wandmalereien, wie man sie in Pompeji gefunden hatte, sind am Casino allgegenwärtig.

Untergang und Wiederauferstehung

Nach seinem Tod brach diese Tradition sofort ab. Die nachfolgenden Herrscher, Prinzregent Luitpold und König Ludwig III., waren lebenspraktisch veranlagte Personen mit

In mühevoller Kleinarbeit wurden die Wandgemälde im Casino wieder restauriert.

eher großbürgerlichen Ambitionen. Sie wurde 1888 für die Allgemeinheit freigegeben.

Das weitere Schicksal der Insel ist eine Chronik fortschreitenden Verfalls. Bereits 1919 waren sämtliche Rosensträucher verdorrt. Das Casino wurde vernagelt und fiel unter Kletter- und Wildrosen in einen regelrechten Dornröschenschlaf. Park und Gärten verwilderten und die Wege verschwanden unter Gras und Gebüsch. 1970 übernahm der Freistaat Bayern die einer Wildnis gleichende Insel. Umso erstaunlicher ist das Ergebnis der langjährigen Restaurierungen und Sanierungen: Die Roseninsel ist in alter Pracht wiederauferstanden – ein wahres Kleinod, eine Perle im Starnberger See.

Inselinfos: Mit der Fähre in die Historie

Vom Strandbad Feldafing schlängelt sich der Uferweg durch den Lenné-Park zum nahen Glockensteg. Von dort setzt die Fähre in sieben Minuten zur Insel über. Casino und Gärtnerhaus können besichtigt werden. Der Spaziergang um die Insel nimmt kaum eine Stunde in Anspruch, für längere Wanderungen empfiehlt sich der mit alten Eichen und Buchen bestandene Feldafinger Park, der vom Ufer aus immer wieder schöne Ausblicke auf den See und die Roseninsel bietet.

Wildromantisches Eiland im bayerischen Fjord

Die Felseninsel im Königssee war Schauplatz heimlicher Rendezvous für Prinzen und Prinzessinnen

Sollten Sie in den Königssee fallen und dabei ordentlich Wasser schlucken, keine Angst, hier herrscht reinste Trinkwasserqualität. Der Königssee ist einer der saubersten Seen Europas. Hingegen stammt sein hochherrschaftlicher Name keineswegs vom Märchenkönig Ludwig II., sondern von einem frommen Ritter namens Kuno, einem der Stifter des Augustinerchorherrenklosters Berchtesgaden. Jener Kuno hat um 1134 auch

Senkrecht steigen die Felswände der Berge beinahe rund um den Königssee aus dem Wasser und verleihen ihm den Charakter eines Fjords.

das Kircherl Sankt Bartholomä auf dem halbkreisförmig in den smaragdgrünen Bergsee ragenden Landvorsprung gegründet. Bei den Einheimischen hieß der See fortan Kunos See oder „der See von Sankt Barholomä".

Bayerisch ist der Königssee gerade mal seit 200 Jahren. Vorher gehörte er zur selbständigen Fürstpropstei Berchtesgaden und neigte eher den Salzburgern zu. Erst 1809 durfte der bayerische Löwe seine Pranke auf das Gebirgsländchen um Watzmann, Königssee und die Ramsau legen.

Bayerns grünblauer Fjord

Schon seine Ausmaße lassen eine außergewöhnliche Form erkennen, die einer Rinne oder einem Fjord gleicht: 6,3 Kilometer lang, aber maximal nur einen Kilometer schmal und bis zu 190 Meter tief. Flache Ufer gibt es bei einer Durchschnittstiefe von 98 Metern kaum. Vorherrschend sind schroffe, unzugängliche Felsenufer. Nur auf der Schutthalbinsel Hirschau mit der Bartholomä-Kapelle ergibt sich ein flacherer Uferstreifen. Die Landzunge wird vom Eisbach durchflossen, der am Fuß der 1800 Meter in die Höhe strebenden Watzmann-Ostwand entspringt. Auch der Talschluss am Südende des Sees läuft etwas sanfter ins Almengebiet der Sallettalpe aus. Der Salettbach stürzt vom Obersee herab und sorgt für die ständige Bewässerung des Königssees. Durch die drei Achen wird der See am Nordende bei Schönau entwässert.

Die Natur als Künstler: Angeschwemmtes Totholz bildet oft bizarre Skulpturen.

Die einzige Insel ist der Christlieger. Es dürfte sich um ein abgespaltenes Felsenstück handeln, das einst von einer der Steilwände herabfiel und im seichten Gewässer des oberen Königssees liegen blieb. Die Herkunft des Namens ist unklar. Ein Lieger ist ein La-

Eine Insel im Königssee? Doch, es gibt sie, einen baumbewachsenen Felsbrocken gleich nach der Abfahrt von Schönau dicht am nördlichen Ufer.

gerplatz, Chris(t) bezieht sich wohl auf eine bestimmte Holzart. Auf der Fahrt mit dem Elektroboot passieren wir den Christlieger schon kurz nach dem Ablegen des Schiffes in Schönau.

Das von hohen Bäumen bewachsene Steinriff ist von Norden nach Süden 61 Meter lang, bis zu 26 Meter breit und liegt etwa 250 Meter südlich des Nordufers mit der Schiffsanlegestelle, rund 30 Meter vom Ostufer und 90 Meter vom Westufer entfernt. Nördlich der Insel ist der See maximal drei Meter tief, südlich der Insel aber fällt der Seegrund bis zu 100 Meter ab.

Sankt Nepomuk hilft Schiffbrüchigen

Deutlich sichtbar erhebt sich die Marmorstatue des Heiligen Johannes von Nepomuk, des Patrons der Schiffer, aus dem Gesträuch her-

aus. Die etwa 1,80 Meter hohe Statue steht auf einer Anhöhe im nördlichen Inselbereich auf einem rund zwei Meter hohen Steinsockel. Das Denkmal wurde 1711 zum Dank errichtet, nachdem hier ein Nachen „in wüthendem Sturme" gekentert war und die vier Insassen im letzten Moment gerettet werden konnten. Stifter war Johann Anton Zeitlmayer, Kanzler und Landrichter der Fürstpropstei Berchtesgaden. Seitdem wird die Insel auch Johannesinsel genannt. Nach der Überlieferung befand sich bis 1711 an dieser Stelle ein Bildnis des Heiligen Bartholomäus, dessen Kapelle ja unweit von hier am Ufer liegt.

Das Fundament der Statue ruht auf einer Plattform, zu der seitlich Treppen, die durch Balustraden eingefasst sind, führen. An der Stützmauer der Ostseite sind zwei beschriftete Marmortafeln mit den Stiftungs-Inschriften eingelassen: „Denkmal der Verehrung,

Im hellen Sonnenschein ist das Inselchen gleich besser erkennbar. Am rechten Ufer steht die Nepomuk-Statue.

gesetzt im Jahre 1711 von Joh. Anton von Zeitlmayer“, sowie darunter „Neu aufgerichtet im Jahre 1811“.

Vor der Skulptur stehen zwei kleine steinerne Pyramiden, deren Bedeutung unbekannt ist. In diesen Bereich befindet sich die Anlegestelle für Boote. Am Südende der Insel ließ König Max I. Joseph anlässlich von Erneuerungsarbeiten ab 1810 eine dritte Pyramide aufstellen.

Unter der Plattform der Statue befindet sich die Brunnengrotte. Der natürliche Raum der Höhlung ist quadratisch künstlich erweitert worden. An der Rückwand prangt ein schöner Wandbrunnen aus rotem Marmor. Renaissance-Zierformen wie Muschelbecken, Rundbogennische, Löwenkopf und ein halbkreisförmiger Aufsatz mit dem Wappen der Propstei Berchtesgaden weisen in das 16. Jahrhundert. Offensichtlich diente das Inselchen als kurzer Aufenthalt der Fürstbischöfe auf ihrem Weg in die Sommerresidenz auf St. Bartholomä. 1992 wurde die einsturzgefährdete Brunnengrotte renoviert.

Jagdrevier allerhöchster Herrschaften

1810 fiel die bis dahin zur Fürstpropstei Berchtesgaden gehörige Insel an die bayerische Krone. Sogleich veranlasste König Max I. umfangreiche Erneuerungsarbeiten auf der Insel.

Unter den Wittelsbachern wurde die Insel in das königliche Jagdgebiet Königssee miteinbezogen. Das kleine Jagdschlösschen St. Bartolomä war ein geschätzter Treffpunkt der hohen Herrschaften. König Ludwig III. schoss hier waidgerecht den stärksten bayerischen Hirsch mit 18 Kilogramm Geweihgewicht. Watzmann und Königssee, früher wegen ihrer schroffen Höhen und schrecklichen Tiefen allgemein gefürchtet, galten im 19. Jahrhundert plötzlich als wildromantische Gegend. König Max II., Prinzregent Luitpold und König Ludwig III. waren begeisterte Bergwanderer und Jäger. Und für die zahlreichen Prinzen und Prinzessinnen der Wittelsbacher ergab sich hier ein beliebter Tummelplatz fernab der Münchner Verpflichtungen. Das verträumte Inselchen hat

Auf dem Königssee dürfen aus Gründen des Naturschutzes nur Elektroboote fahren.

Die Wallfahrtskapelle St. Bartholomä ist die erste Anlegestelle der Schiffe. Der Heilige gilt als Schutzpatron der Almbauern.

Die mächtige Ostwand des Watzmanns beherrscht den Königssee. Tief drunten am Ufer erkennt man links noch St. Bartholomä.

sicher manch heimliches Rendezvous erlebt. Johann Nepomuk, der einst den Märtyrertod erlitten hatte, weil er das Beichtgeheimnis nicht brach, schweigt steinern dazu.

1869 ließ sich der österreichische Außenminister Friedrich Ferdinand von Beust auf dem Felsvorsprung über der Insel ein Landhaus im Alpenstil erbauen. Vom Haus führen steile Treppen hinunter zur Anlegestelle. Sie liegt nur 30 Meter vom Christlieger entfernt. In der Villa Beust ist heute ein Café untergebracht.

Insel-Infos: Einst königliches Jagdrevier, heute Touristenmagnet

Insel und See sind im Besitz des Freistaats Bayern. Die Elektroboote der Königssee-Schifffahrt fahren auf ihrer Fahrt von und nach St. Barholomä dicht am Christlieger vorbei. Wenn die Schiffsführer gut aufgelegt sind, erzählen sie dann etwas vom Sankt Nepomuk. Wer das Eiland betreten will, kann sich ein Ruderboot in Schönau mieten. Wegen seiner Lage inmitten des Nationalparks ist das Befahren des Königssees mit eigenen Schlauchbooten (auch Luftmatratzen) und Kanus nicht gestattet.

Vom Christlieger aus genießt der Besucher einen wunderbaren Blick auf das denkmalgeschützte Gesamtensemble der Seelände, mit dem Hotel Schiffmeister, dem Biergarten, der Anlegestelle der Boote sowie, auf der rechten Seite, der Schiffswerft am Königssee. Hier werden im Übrigen noch Fahrgastschiffe hergestellt. Seit Anfang des 20. Jahrhunderts fahren diese Boote bereits mit Elektroantrieb.

Die Sicht von der Insel bis nach St. Bartholomä versperren allerdings die Steilwände zu beiden Seiten. Deshalb sollte man sich zu Fuß oder per Boot zum Malerwinkel begeben. Von dort aus ist dieser einzigartige, fjordartige See zu einem großen Teil einsehbar. Vor uns liegt der klare durchsichtige See, das Panorama mit der Watzmann-Ostwand und der Halbinsel St. Bartholomä.

Nach der Bergtour können sich die Wanderer ausruhen und auf das Schiff warten, das sie zurückbringt.

Standardausrüstung aller Schiffe. Mit der Trompete wird das weltberühmte Echo erzeugt, das die Touristen hören wollen.

Kloster Seeon, im Jahre 994 als Benediktinerkloster gegründet, ist heute das Kultur- und Bildungszentrum des Bezirks Oberbayern.

Horte des Adels und des Glaubens

Sicherheit und Ruhe in abgeschiedener Lage

Burgen, Ritter und Rebellen, Klosterfrauen und Ordensbrüder – sie alle profitierten vom Inseldasein

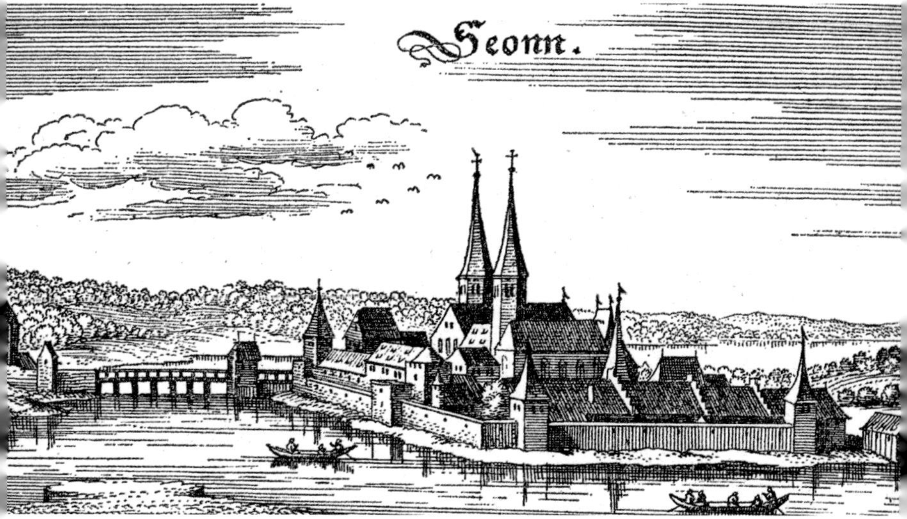

Drohte Kriegsgefahr, so war man auf Inseln im Wasser sicherer als auf dem flachen Land. Die Bevölkerung zog sich mit Hab und Gut auf Inseln zurück und wartete die Ereignisse ab. Alle unsere oberbayerischen Inseln dienten im Lauf der Geschichte irgendwann einmal als Fluchtort. Manchmal verraten das schon die Namen, wie die Birk-(Burg) Inseln im Staffelsee oder die Schwedeninsel im Ammersee.

Eine befestigte Insel war in früheren Zeiten fast uneinnehmbar. Kein Wunder, dass man

Auf dem Kupferstich von Matthäus Merian aus dem Jahre 1645 sieht das Kloster Seeon noch etwas anders aus: Spitze Türme statt der runden Kuppeln.

Die Mausinsel im Wörthsee ist mittels einer schmalen Brücke mit dem Festland verbunden.

im Mittelalter bevorzugt Burgen und Schlösser auf Inseln baute. Sie waren gut zu verteidigen, da ihr breiter Wasserring für ungebetene Gäste schwer zu überwinden war. Auf schwankenden Flößen herantrudelnde Angreifer waren ein leichtes Ziel für die Verteidiger. Meist führte eine Holzbrücke vom Uferrand bis kurz vors Burgtor. Die letzten Meter mussten auf einer Zugbrücke überwunden werden, die im Ernstfall hochgezogen wurde.

Auch auf der Roseninsel im Starnberger See konnte ein früher Burgenbau nachgewiesen werden. Die älteste Darstellung einer oberbayerischen Burg überhaupt – sie stammt aus dem Jahr 1170 – zeigt die Inselburg Hartmannsberg im Langbürgner See. Sie gleicht eher einem kleinen Palast mit großen Rundbogenarkaden. Der Zeichner hat ihre Lage inmitten des Sees noch dadurch unterstrichen, dass er den Burgherrn eine Angelschnur mit Haken auswerfen lässt. Vielleicht haben die Burgbewohner auch den frühmittelalterlichen Einbaum benutzt, der 1973 aus dem See gehoben wurde.

Das neue Schloss Hartmannsberg spiegelt sich in zwei Seen. Es wurde 1680 auf der

Die große Heidelberger Liederhandschrift, der Codex Manesse aus dem 14. Jahrhundert, zeigt anschaulich mit welchem Gerät Burgen belagert wurden.

Die vielen kleinen Gewässer der Egg-stätter Seenplatte sind ein wahrer Schatz der Natur und natürlich streng geschützt.

engen Landbrücke zwischen dem Schlosssee im Norden und dem Langbürgner See errichtet und beherbergt das Kulturzentrum des Landkreises Rosenheim mit wechselnden Ausstellungen und Konzertveranstaltungen, sowie ein Gasthaus mit Seeterrasse. Bodenspuren der alten Wasserburg finden wir etwa 400 Meter südlich vom neuen Schloss. Die Wälle und Gräben auf der bewaldeten, in den Langbürgner See vorspringenden Halbinsel Zickenburg passen genau zu dem turmartigen Palast der Illustration von 1170. Die frühere Insellage veränderte sich allerdings in Folge der Seeabsenkung, was den Vorteil hat, dass wir das Bodendenkmal trockenen Fußes vom Wanderparkplatz Hartmannsberg aus erreichen können.

Der Name Burgstall für die Insel im Seehamer See erinnert an die Stelle einer ehemaligen Wasserburg. Auf dem 1,6 Quadratkilometer großen Eiland erhob sich im hohen Mittelalter eine stolze Burg der Grafen von Falkenstein. Der Seehamer See in der Gemeinde Weyarn ist in seiner heutigen Größe erst 1912 durch die Aufstauung der Leitzach entstanden. Obwohl die Salzburger Autobahn direkt an ihm vorbeiführt, haben seine dicht bewaldeten Ufer eine gewisse Ruhe bewahrt.

Die meisten der im flachen Voralpenland gelegenen Burg- und Schlossbauten waren Wasserburgen oder Weiherschlösser, die entweder inmitten natürlicher oder künstlich aufgestauter Seen erbaut wurden. Wobei dem abgeschiedenen Inseldasein neben dem strategischen Wert auch noch eine gesellschaftliche Rolle zukam. Denn auf diese Weise hob sich der Burgbesitzer – Ritter oder Hofmarksherr – auch räumlich von seinen Untertanen ab. Das standesgemäße Wohnen inmitten eines Wasserringes war schließlich ein Privileg des Adels, der damit seine Herrschaft über das gemeine Volk bewies. Wollte sich ein Untertan mit einem Anliegen zu seiner Herrschaft begeben, musste er also über eine Brücke gehen, sah die unergründliche Wassertiefe unter sich und betrat schließlich die Zugbrücke. Vielen war hier schon die Schneid abgekauft.

Alte Bildstöcke aus Tuffgestein, hier eine Kreuzwegstation, zeugen von der tiefen Frömmigkeit der Bevölkerung.

Die meisten Seen im Chiemgau sind mit einem dichten Gürtel aus Schilf umgeben.

Kloster Höglwörth, 1125 vom Salzburger Erzbischof als Augustiner-Chorherrenstift gegründet, ist St. Peter und Paul geweiht.

Spektakuläre Angriffe auf Burgen und Belagerungen waren übrigens selten. So kriegerisch, wie es uns manche Fantasy-Filme weismachen wollen, war das Mittelalter nicht. Doch der Südosten Bayerns, der Rupertiwinkel, war tatsächlich schwer umkämpft.

Bayern und Salzburger standen sich hier gegenüber, mitunter in voller Rüstung. Gewann der salzburgische Erzbischof die Oberhand, lehnten sich die Gefolgsleute des bayerischen Herzogs auf, siegte der Herzog, zettelten die salzburgischen Ritter eine Rebellion an. Hierbei kam der Feste Kuchl inmitten des Abtsdorfer Sees eine Schlüsselfunktion zu. Nur durch einen Trick konnte sie erobert werden.

Klösterliches Leben abseits des Weltgetriebes

Die ersten christlichen Missionare Bayerns kamen von einer fernen Insel, aus Irland. Marinus und Anian wirkten als gelehrte Pilger und gründeten in unserer Region die ersten Mönchsgemeinschaften. Und sie brachten die Vorstellung mit, dass Gottesmänner sich einerseits dem zurückgezogenen Gebet und andererseits dem wirklichen Leben zu widmen haben. Die zahlreichen Inseln vor den Küsten Irlands und Britanniens hatten ihnen die Möglichkeit sowohl der frommen Kontemplation wie der Beschäftigung mit der realen Welt geboten. Als die Iren im 6. Jahrhundert nun nach Bayern kamen, suchten und fanden sie ihre Inseln inmitten der Seen. Die Einheimischen werden ihnen den Weg zu den

Ungestörte Zwiesprache mit Gott – eine Ordensschwester beim Mittagsgebet.

Fromme Pilger übergeben nach der Wallfahrt ihre mitgeführten Kreuze gerne dem Kloster. Hier schmücken sie einen Durchgang im Klosterhof von Andechs.

alten heiligen Stätten auf den Inseln gewiesen haben, und für die charismatischen Wanderprediger war es nicht schwer, diese heidnischen Kraftorte mit dem neuen Glauben in Einklang zu bringen.

Dieser ersten irischen Mission schloss sich die Tätigkeit des Benediktinerordens an. Mit dem Motto *Ora et Labora* – bete und arbeite – ist seine segensreiche Tätigkeit kurz und zu-

treffend beschrieben. Seine Ordensbrüder bestimmten das geistige Leben Altbayerns bis ins 18. Jahrhundert. Und auch sie favorisierten, falls möglich, vom Wasser umgebene Klöster.

Klosterbauten auf Inseln hatten mehrere Vorteile. Man war abgeschieden vom profanen Getriebe der Welt draußen, entfernt

Der Ablasshandel war eine beliebte Einnahmequelle der Kirche. Für finanzielle Zuwendung gab es Vergebung der Sünden.

von weltlichen Versuchungen und konnte die Brücke hochziehen, wenn wieder einmal Räuberbanden oder landesherrliche Steuereintreiber Einlass begehrten. Und noch einen Nutzen zog man aus dem Gewässer ringsherum: Fische, Muscheln und Krebse, die man dem Kochtopf übergab. Annähernd die Hälfte des alten Kirchenjahres bestand aus Fasttagen, an welchen Fleischverzehr verpönt war. Gerade Mönche und Nonnen sollten frommes Beispiel geben und sich an diese Fastenvorschriften halten.

Nun heißt es in der Bergpredigt aber: „Wenn ihr fastet, sollt ihr nicht sauer dreinsehen wie die Heuchler“. Die Kirche erlaubte daher ausdrücklich Fisch und im Wasser lebendes Getier als Fastenspeisen. Wobei man das Wassergetier recht großzügig definierte und Wasservögel und sogar den Biber (dessen Fettschwanz als Delikatesse galt) mit einschloss. Jedes Kloster betrieb daher Teichwirtschaft und Fischzucht. Befand sich der Konvent auf einer Insel, brauchten die Herren Prälaten also nur ihre Netze auszuwerfen. Eine weitere Regel hieß: Flüssiges bricht Fasten nicht. Kein Wunder, dass sich in jedem bayerischen Kloster eine Brauerei befand, in der speziell stark eingebrautes Fastenbier zubereitet wurde, um die Fastenwochen ohne Durst zu überstehen.

Flüssige Nahrung unterlag nicht dem Fastengebot, weshalb in den Klöstern gerne Bier gebraut wurde.

Auch eine Inselburg war zu bezwingen

Mit Intelligenz und trickreichem Vorgehen konnte die Burg Kuchl eingenommen werden

Waffen und Rüstungen, ausgestellt auf der Festung Hohensalzburg, mit denen auch die Salzburger Burgenbrecher Burg Kuchl angegriffen haben könnten.

Die Inselburg im Abtsdorfer See: War sie wirklich unbezwingbar? Die Burgbesatzung sah der Belagerung ihrer Inselfeste gelassen entgegen. Die Zugbrücke war hochgezogen, den Steg vom Festland her hatten sie teilweise abgebrochen und hinter den Zinnen standen Armbrustschützen, bereit ihre Bolzen auf Angreifer abzuschießen, die es wagen sollten, sich in Booten zu nähern. Proviant hatten sie genug eingelagert und das Trinkwasser schöpften sie einfach aus dem See. Was konnte man ihnen schon anhaben?

Burg Kuchl inmitten des Abtsdorfer Sees war zwar eine kleine, aber durchaus imposante Festung. Ein rechteckiger Wohnturm von 80 mal 30 Metern Seitenlänge und 25 Metern Höhe, umgeben von einer massiven Mauer, ragte aus dem See heraus. Und der „edle und feste Ritter“ Konrad von Kuchl hatte anno 1355 für den Bau einen trefflichen Standort gewählt, nämlich die kleine natürliche Insel im Abtsdorfer See, oder Abtsee, wie der kleine Moorsee auch genannt wird.

Die Insel im Abtsdorfer See trug einst eine mächtige Festung und war lange Zeit Zankapfel zwischen Bayern und Salzburg.

Salzburgisch-bayerische Nachbarschaftsfehden

Mit seinen 2,5 Hektar bot das Eiland die ideale Fläche für eine kompakte Ritterburg. Burgen und Wachtürme waren auch notwendig in diesem seit langem hart umkämpften Grenzgebiet zwischen dem Herzogtum Bayern und dem mächtigen Fürstbistum Salzburg. Im späten Mittelalter stritten sich Herzöge und Fürstbischöfe erbittert um den Landstrich, der heute den Namen Rupertiwinkel trägt. Beide Seiten verfügten über eine ansehnliche Gefolgschaft von stahlgepanzerten Rittern, die im Dienste ihrer Herren zum Kampf antraten und feindliche Burgen angriffen. Konrad von Kuchl war einer der Hauptleute der Salzburger Ritterschaft und verteidigte mit seiner Burg im Abtsee das Fürstbistum gegen bayerische Übergriffe.

Schon acht Jahre nach ihrer Fertigstellung kam die erste Bewährungsprobe für die Burg, als 1364 ein bayerischer Söldnerhaufen am Ufer erschien und ultimativ die Übergabe forderte. Selbstverständlich wurde das von den Kuchlern abgelehnt, sodass sich die Bayern auf eine längere Belagerung einrichten mussten. Was war zu tun? Die kürzeste Entfernung vom Festland zur Insel betrug immerhin 16 Meter. Feuerwaffen gab es noch nicht, nur treffsichere Armbrüste, die aber gegen die geschützten Burgverteidiger nichts ausrichten konnten. Feuer legen? Aussichtslos, dazu hätte man den Wasserring überwinden müssen. Sich auf Flößen heranarbeiten? Lebensgefährlich. Aushungern? Eine Burg inmitten eines Süßwassersees, der vor Speisefischen geradezu wimmelte? Kein Wunder, dass die Bayern nach einer Woche unverrichteter Dinge abzogen, ziemlich schnell sogar, nachdem sie gehört hatten, dass sich ein salzburgischer Heerbann heranwälzte.

Der Triumph führte nun aber dazu, dass sich die Kuchler in ihrer unbezwingbaren Wasserfeste allzu sicher fühlten und offen-

Seerosen auf dem Wasser und im Hintergrund die Berge – ein Idyll im Rupertiwinkel.

bar die einfachsten Sicherheitsstandards vernachlässigten. Waren die Ketten der Zugbrücke schadhaft? Oder waren die Burgmannen auf der Reiherjagd irgendwo im See? Nur so ist es zu erklären, dass 1385 eine bayerische Kriegerschar Burg Kuchl überfallen und im Handstreich einnehmen konnte. Die Bayern nannten die Burg nun nicht mehr Kuchl, sondern einfach Abtsee. Herzog Friedrich von Landshut ließ die Feste sofort in Stand setzen und vertraute sie einer erfahrenen Mannschaft an. Mit Friedrichs Gegenspieler, Erzbischof Pilgrim von Salzburg, war schließlich nicht zu spaßen. Denn der Kirchenfürst setzte seinen Bischofsstab mitunter durchaus auch als Streitkolben ein.

Kampf um die Burginsel

Die Salzburger warben den erfahrenen Kämpen Urich von Felben an, der im Frühsommer 1388 mit seiner Burgenbrecher-Truppe am Abtsee aufmarschierte. Felben umritt den Abtsee und inspizierte genau seine Zu- und Abflüsse. Ihm wurde sofort klar, dass der Wasserspiegel des kleinen Moorsees stark schwankte. Er fand drei Zuflüsse, aber nur eine Ableitung, den sogenannten Schindergraben. Dieser war sauber ausgeputzt und wie ein Kanal künstlich verbreitert. Warum wohl? War er verstopft oder verengt, schwappte der ganze See über, versickerte im Haarmoos, und setzte die Insel samt ihren Aufbauten unter Wasser. Jetzt im Juni 1388 gurgelte und strömte das Wasser von allen Seiten in den See und floss in großen Mengen durch den Schindergraben ab.

Felbens Leute begannen nun, einen Damm quer durch den ableitenden Kanal aufzuwerfen. Dabei wurden sie von den zunehmend verunsicherten Burgbewohnern beobachtet, denn der Abfluss liegt nur 600 Meter von der Insel entfernt in der Nordbucht des Sees. Aufgrund der Hochwasser führenden Bäche stieg der Seespiegel nun unaufhörlich an und erreichte bald die Burgmauern.

Der Plan zeigt den Grundriss der Festung auf der Insel im Abtsdorfer See.

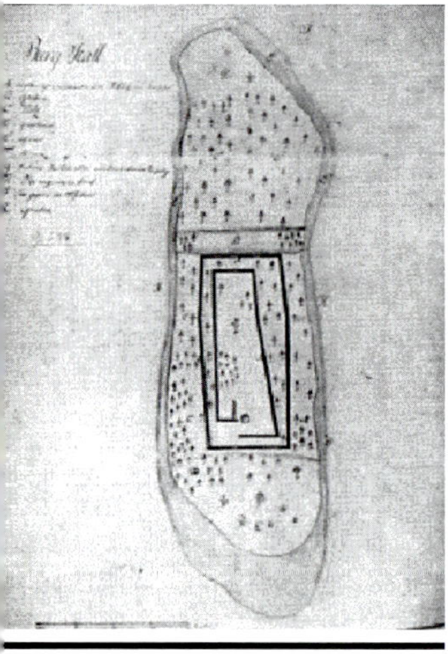

Die Erstürmung einer Burg war auch für schwer gepanzerte Ritter keine einfache Sache; List und Intelligenz waren meist ebenso nötig.

Als noch tagelang starker Regen einsetzte, kapitulierte die entnervte bayerische Burgbesatzung. Aber erst nachdem die künstlichen Wehre am Abfluss beseitigt waren und das Wasser in Richtung Leobendorf herausschoss, konnten sie ihre Inselburg, der der See nun zum Verhängnis geworden war, verlassen.

Von der unruhigen Zeit zwischen 1364 und 1388 künden noch zahlreiche Armbrustpfeile, eine Lanzenspitze und ein Schwert mit einer 1,30 Meter langen Klinge, die am Ufer des Abtsees gefunden wurden. Auch Spuren der Dämme, die 1388 den See aufstauten, sind im Gelände noch erkennbar.

Die Folgezeit war friedlicher. Der Abtsee mit seiner Burg blieb fürstbischöflich-salzburgisch. Im ausgehenden 15. Jahrhundert brannte es auf der Insel, aber nicht durch Feindeinwirkung, sondern durch Unachtsamkeit. Die Ruine blieb unbewohnt und im 16. Jahrhundert versank auch die Brücke. 1806 wurde der ehedem salzburgische Rupertiwinkel dem neuen Königreich Bayern angeschlossen. Schon lange hatte das verbliebene Mauerwerk der Burg als Steinbruch gedient, sodass Ende des 19. Jahrhunderts nur noch Fundamente übrig waren. Nur der neue Inselname Burgstall erinnert seitdem an die ehemalige Inselfestung.

Einst Inselburg, heute Wehrkirche

Von Abtsdorf sind es nur zwei Kilometer in Richtung Saaldorf-Surheim und wir treffen in Steinbrünning auf die nächste Inselburg. Inmitten der Ortschaft Steinbrünning erhebt sich die Kirche Johann Baptist markant aus der Ebene empor. Sie steht auf einem kegelförmigen Hügel, und dieser ist allseitig von einem Weiher umgeben.

Wie die Buchmalerei aus dem Codex Manesse zeigt, waren Angreifer und Verteidiger einer Burg gleichermaßen auf die einzig treffsichere Fernwaffe dieser Zeit, die Armbrust, angewiesen.

Ursprünglich stand hier eine Burganlage. Die Erbauer hoben zuerst einen zehn Meter breiten und bis vier Meter tiefen Ringgraben aus und warfen das gewonnene Erdreich inmitten des Wasserkreises zu einem steilen künstlichen Hügel auf. Festgestampft erreichte er immerhin eine Höhe von zehn Metern. Darauf wurde nun ein rechteckiger Steinsockel errichtet, der das Fundament für einen aus groben Balken gezimmerten Holzturm bildete. Der Graben füllte sich aus den umliegenden Mooren schnell mit Wasser auf. Nur ein Steg ermöglichte den Zugang über den nassen Graben zum Burghügel.

Gut geschützte Lage inmitten des Wassergrabens für die spätgotische Kirche von Steinbrünning.

Doch heute steht eine spätgotische Kirche auf dem Burgplatz. Laut einer Inschrift im Chor wurde sie 1497 auf den verfallenen Resten der alten Feste Prünning erbaut. Doch noch waren die Zeiten im salzburgisch-bayerischen Grenzgebiet unsicher. So beließ man den Wassergraben und bewahrte so den Verteidigungscharakter des Ortes. Erst im 19. Jahrhundert wurde die Brücke durch einen schmalen Erddamm ersetzt, über den wir heute zum Inselkirchlein gelangen – einem idyllischen Ensemble inmitten von Teichrosen und Schilf.

Die Rekonstruktionszeichnung einer frühmittelalterlichen Adelsburg wie sie auch in Steinbrünning ausgesehen haben könnte.

Inselinfos: Geschützes Kleinod für Inselliebhaber

Seit 1950 steht die Insel Burgstall unter Naturschutz und darf nicht betreten werden. Für Inselliebhaber ist dies auch nicht nötig, denn vom Seebad Abtsee wie vom fünf Kilometer langen Seerundweg aus ist die Burgstall-Insel gut zu überblicken. Man kann sie als geübter Schwimmer auch umrunden oder vom Schlauchboot aus betrachten.

In strengeren Wintern ergibt sich die Möglichkeit, das historisch bedeutsame, vom Eis umschlossene Eiland per Schlittschuh oder in Moonboots zu umkurven.

Zwischen Teichrosen und Schilf lassen sich in Steinbrünning bei Saaldorf auch jede Menge Tiere beobachten – hier ein Kolbenentenpaar.

Lebendige Kultur vom Mittelalter bis heute

In Kloster Seeon entstanden prächtige Handschriften und Mozart musizierte an der Rokoko-Orgel

Ein See, umringt von sieben Seen, darin eine Insel und darauf ein Kloster. So präsentiert sich der Klostersee inmitten der Seeoner Seenplatte. Ein Dammweg führt vom Festland hinüber zum Kirchenvorplatz und zur Klosterpforte. Bis ins 19. Jahrhundert stand hier eine aus Planken und Brettern gefügte Brücke. Den Besuch der berühmten, im Uferwasser verankerten Seeterrasse des Klostergasthofes sollte man sich für den Rückweg aufheben, sonst verhockt man sich beim wunderschönen Blick über den See.

Wenn die Bäume im Frühjahr noch kein Laub tragen, kann man das Kloster Seeon in voller Schönheit von der Seeseite her bewundern.

Kloster Seeon kann auf eine über 1000-jährige Geschichte zurückblicken. 994 wurde das Benediktinerkloster gegründet und 999 von Kaiser Otto III. und Papst Silvester per Urkunde betätigt. Doch ein derartiger Ort, idyllisch inmitten eines überschaubaren Sees gelegen, hat schon lange Zeit vorher besondere Menschen angezogen. So befand sich vor der Klostergründung die Zelle eines Einsiedlers auf der Insel, und noch früher kamen hier germanische Priesterinnen, römische Mithras-Verehrer und keltische Druiden zusammen.

Ursprünglich existierten zwei Inseln, nämlich die eigentliche Klosterinsel und die dem Festland vorgelagerte kleine Insel, auf welcher die Sankt-Walpurgis-Kapelle steht. Im Hochmittelalter stand hier ein Frauenkloster, das aber schon im 13. Jahrhundert aufgelöst wurde. Zu dieser Zeit scheint auch die Walpurgis-Insel durch Aufschüttung mit dem Festlandsufer verbunden worden zu sein und bildet seitdem eine Landzunge.

Der Kreuzgang mit Grabplatten: Viel Geld und Mühe hat der Bezirk Oberbayern in die Restaurierung des ehemaligen Benediktinerklosters gesteckt.

Das Scriptorium zu Seeon

Die Benediktiner zu Seeon widmeten sich nicht nur tatkräftig dem Landbau, sondern riefen eine Schreibwerkstatt ins Leben. Im Scriptorium, dem Schreibsaal in der Bibliothek, saßen Mönche und schrieben Buchstaben für Buchstaben die Bibel, die Schriften der Kirchenväter und die griechischen und lateinischen Texte der Antike ab. Geschrieben wurde mit dem Gänsekiel und Tinte, als Beschreibstoff diente Pergament, das aus Tierhäuten hergestellt wurde. Hunderte von Manuskripten entstanden auf diese Weise. Sie wurden an kleinere Klöster weitergegeben und bildeten dort den Grundstock eigener Bibliotheken. Wenn Höhergestellte Schriften

Gotik auf romanischen Fundamenten, mit etwas Barock überbaut: Der Altarraum der Klosterkirche St. Lambert. Auf der Orgel dort spielte auch der junge Mozart.

bestellten, dann schmückten die Schreiber die Seiten mit prächtigen Buchmalereien aus. Mit Hilfe von Goldplättchen, Malachit, Mennige und Purpur illuminierten (erleuchteten) die mönchischen Künstler ihre Leser. Kaiser Heinrich II. (1014-1024) besaß mehrere kostbare Handschriften aus Seeon, die mit farbigen Miniaturen versehen waren.

Anschauliches Mittelalter

Die beiden Kirchtürme von Kloster Seeon stammen aus romanischer Zeit, nämlich aus dem 11. Jahrhundert. Ihre ungewöhnliche, achteckige Bauform erinnert sehr an den Glockenturm auf Frauenchiemsee. Vielleicht wurden die drei Türme von derselben Bauhütte errichtet. Die *welschen* (italienischen) Zwiebelhauben wurden ihnen erst im 16. Jahrhundert aufgesetzt. Das Kircheninnere selbst ist zwar gotisch und ein bisschen barock überbaut, die im Kern heute noch erhaltene romanische Basilika lässt sich aber noch erahnen. Im klösterlichen Kreuzgang blicken uns mehrere Ritter in voller Rüstung mit Wappenschild und Fahnenlanze streng an. Es sind Halbreliefs auf Grabplatten, die aus rotem Marmor herausgearbeitet sind. Ein Gepanzerter namens Erasmus Layminger trägt eine Siamkatze als Helmzier und ein anderer Rittersmann stützt sich auf einen gähnenden Löwen – höchst anschauliches Mittelalter.

Eine bemerkenswerte Persönlichkeit war der Abt Honoratius Kolb. Er ließ das Kloster nach einer Feuersbrunst wieder neu errichten und plante umfangreiche Neubauten im lichten Barockstil. Doch bevor er seine Vorhaben verwirklichen konnte, wurde er 1652 wegen „erwiesener Bauwut" abgesetzt. Man glaubte damals an eine Art „Bauwurm", der den Abt befallen habe. Im 18. Jahrhundert verschrieb sich der Konvent ganz der aufgeklärten Wissenschaft und auch der Musikpflege. Zwischen 1767 und 1769 kam der junge Mozart öfters von Salzburg herüber nach Seeon, setzte sich an die Rokoko-Orgel und komponierte zusammen mit den musikbegeisterten Klerikern. Zu seiner Zeit galt Seeon als das wohlhabendste und am besten verwaltete Kloster Südbayerns.

Epitaph des russischen Zweigs derer von Leuchtenberg, die nach der russischen Revolution in Seeon lebten.

Großartige Fresken im Stil der Renaissance schmücken die Decke der Klosterkirche.

Doña Amalias Witwensitz

Umso härter traf die Säkularisation von 1803 die uralte Kulturstätte. Immerhin überlebte die Klosterbasilika als Pfarrkirche. Doch das ehrwürdige Klostergeviert wurde 1816 zu einer Kuranstalt mit Schwefelbad umfunktioniert. Dazu ersetzte man die alte Holzbrücke über den Klostersee durch die Dammaufschüttung, die heute noch besteht. Exotisches Flair zog ein, als 1852 Doña Amalia, Witwe des Kaisers Pedro von Brasilien, samt Hofstaat hier residierte. Sie war eine Tochter aus der Ehe der bayerischen Königstochter Auguste Amalia mit Eugene Beauharnais, dem Stiefsohn Napoleons, und Enkelin König Max I. Exotisch blieb es auch, als die Herzöge von Leuchtenberg ihr Erbe antraten. Sie waren mit russischen Fürstenfamilien verschwägert und erfreuten sich enger Beziehungen zum Zarenhof. Nach der russischen

Die Kapelle St. Walburgis fiel nach 1803 an die Familie Leuchtenberg, deren russische Verwandtschaft nach orthodoxem Ritus auf dem Friedhof bestattet wurde.

Der Chiemgauer Künstler Heinrich Kirchner (1902 bis 1984) schuf diese Skulptur in Seeon.

Revolution 1918 fanden daher viele Emigranten aus Russland in Seeon Zuflucht. Im ummauerten Friedhof der Kapelle von St. Walburgis, die am Zugang zum Inseldamm steht, haben sie sich Mausoleen mit kyrillischen Inschriften und reich dekorierte Grabstätten im russisch-orthodoxen Stil errichten lassen.

Inselinfos: Modernes Leben in alten Klostermauern

Mit neuem Leben wurde das ehemalige Kloster 1993 erfüllt, als der Bezirk Oberbayern in den frisch renovierten Gebäuden das Kultur- und Bildungszentrum einrichtete. Dort finden vielfältige Aktivitäten wie Konzerte, Tagungen usw. statt. Beliebt sind Wochenendseminare, zum Beispiel zum Thema Kalligrafie und Kinderworkshops in der Mittelalterlichen Schreibwerkstatt.

Vom Kloster aus lässt sich ein schöner Spaziergang unternehmen: Über das hölzerne Brückerl zur Wallfahrtskirche in Bräuhausen, vorbei an der Mozart-Eiche und wieder zurück über den russisch-orthodoxen Friedhof an der St. Walpurgis Kapelle. Lohnenswert ist auch der Abstecher auf den Weinberg mit seiner atemberaubenden Aussicht über den Seeoner See und das Kloster.

Auch die alte Klostergaststätte mit ihrem einzigartigen Gastraum im gotischen Gewölbe und das Klosterstüberl sind allgemein zugänglich.

Bei einem Spaziergang am Klostersee hat man fast immer die Doppeltürme des heutigen Tagungshotels Seeon im Blick.

Höglwörth – Perle des Rupertiwinkels

Mystik durch die Jahrhunderte – Vom spätrömischen Mithras-Heiligtum zum Heiligen Grab

Im Jahre 1841 unternahm König Ludwig I. eine Reise in den Rupertiwinkel. Als seine Entourage im Örtchen Anger halt machte, verließ der Monarch seine Kutsche und sprach huldvollst: „Von nun an sey Anger das schönste Dorf in meinem Königreiche!" Dahinter steckte natürlich Kalkül, denn der allerhöchste Besuch in Südostbayern diente dazu „die Herzen der – vormalig salzburgischen – Untertanen für Bayern zu gewinnen".

Das Kloster Höglwörth galt lange Zeit als das ärmste im Salzburger Kirchensprengel, wurde 1614 sogar aufgelöst, 1690 aber wieder neu begründet.

Gerade einen Kilometer lang führt der Klosterweg vom Angerer Dorfplatz hinüber nach Höglwörth. Und dort treffen wir auf ein wahres Kleinod. Malerisch spiegeln sich die bunten Klostergebäude und die Kirchturmzwiebel im stillen Gewässer. Höckerschwäne plustern sich auf und Blässhühner glucksen. Aus den breiten Schilfgürteln schnattert, piept und tschilpt es unentwegt. Ein hölzerner Steg überbrückt die kleine Bucht mit der Mündung des Ramsaubaches in den See.

Verlandender Moorsee

Der schattige Rundweg um den Klostersee lädt zu einem Spaziergang ein. Da er nur eine Stunde in Anspruch nimmt, möchte man ihn am liebsten wiederholen – lockte da nicht der Klosterwirt mit Biergarten und Freiterrassen am See. Der von Wald umgebene Moorsee ist etwa 13 Hektar groß und acht bis zehn Meter tief. Die Klosterinsel war früher allseitig von Wasser umgeben. Im Verlauf der letzten zwei Jahrhunderte aber nahm die Verlandung so stark zu, dass sie am West- und Nordufer fast mit dem Festland zusammengewachsen ist. Ein schmaler, mit Wasser gefüllter Durchstich, über den auch der einzige Brückenzugang führt, bewahrt aber den Inselcharakter.

Vermutlich trug die Insel bereits in vorgeschichtlicher Zeit ein Heiligtum. Die Sagen um den Elfenstein, eine moosbedeckte Felsenformation, die früher mitten im See, heute aber am Uferrand steht, könnten eine Erinnerung daran sein. Ein im seeseitigen Torturm des Klosters eingemauerter Mithras-Stein ist heute leider verschollen. Es handelte sich um einen Votivaltar mit lateinischer Inschrift, der von zwei römischen Freigelassenen im 3. Jahrhundert gestiftet worden ist. Er weist auf den spätrömischen Mysterienkult um

Eng und verwinkelt: Der Eingang zum Kloster durch den Torturm.

den Sonnen- und Erlösungsgott Mithras hin. Es ist durchaus möglich, dass sich auf dem Inselchen ein Mithräum, eine unterirdische Mithras-Tempelanlage befand.

Seerosen, ein Kirchturm, im Hintergrund Berge und darüber der weißblaue Himmel – Idylle pur.

Insulare Eremiten

Im 8. Jahrhundert folgten christliche Eremiten, die sich hier in kleinen Zellen niederließen. Das Kloster selbst wurde wohl im 12. Jahrhundert als Stift der Augustiner-Chorherren gegründet. Wir wissen relativ wenig über seine Entstehungsgeschichte, weil das gesamte Archiv während des 30-jährigen Krieges verbrannt ist. Höglwörths Bedeutung in geistlicher und wirtschaftlicher Hinsicht blieb immer begrenzt. Im ausgehenden Mittelalter galt es als das kleinste und ärmste Kloster im Salzburger Kirchensprengel. Nachdem nur mehr ein Chorherr übrig geblieben war, wurde der Konvent 1614 aufgelöst. Er bestand zu dieser Zeit nur aus dem Torturm, einem engen Zellentrakt und einer kleinen gotischen Kirche. Alle Gebäude wurden als einsturzgefährdet und durchfeuchtet beschrieben.

Gelebter Glaube: Fronleichnamsprozession vor der Kulisse der Berchtesgadener Berge.

Doch Ende des 17. Jahrhunderts brach mit dem Zeitalter des Barock eine neue Epoche an. Das Konzept sah zuerst eine Verlagerung der Klosteranlage von der Insel auf die Anhöhe über dem See vor. Da dies zu kostspielig geworden wäre, blieb man am alten Platz und errichtete bis 1690 die Klostertrakte und die barocke Stiftskirche. Wegen der beengten Raumverhältnisse auf der Insel erwecken die Baugruppen um die zwei kleinen Innenhöfe einen etwas unruhigen, dabei aber sehr originellen Charakter. In seiner Unregelmäßigkeit mag Höglwörth zwar nicht dem klassischen Ideal der Barockarchitektur entsprechen, wirkt dafür aber auf uns heutige Besucher sehr stimmungsvoll.

Die einstige Insel Höglwörth ist in den vergangenen Jahrhunderten durch Verlandung immer mehr mit dem Festland zusammengewachsen. Nur ein schmaler Graben trennt beide noch.

Torbögen, kleine Plätze und Kopfsteinpflaster prägen das Bild von Höglwörth.

Barscher Bescheid zur Klosterauflösung

Der Innenausbau zog sich aber noch über ein halbes Jahrhundert hin, wohl auch, weil bei erzbischöflichen Visitationen häufig ein „Verfall der Klosterzucht" und „mangelnde Disziplin" notiert wurde. Manche Pröpste glänzten durch monatelange Abwesenheit.

Diese Missstände dauerten auch über die Zeitenwende von 1800 an und kulminierten schließlich in der Selbstauflösung des Stifts im Jahre 1817.

Über die letzten Jahre kursierten allerhand Gerüchte. Konvent und Propst waren tief zerstritten und ärgerten sich gegenseitig wie Schulknaben. So soll einmal ein gebratener Fuchs auf der Speisetafel serviert wor-

den sein. Dass die Anekdoten nicht völlig aus der Luft gegriffen waren, beweist der ungewöhnlich barsch formulierte Bescheid zur Säkularisation im Namen König Max I. Joseph vom Jahr 1817: „Das Kloster, welches keinem sittlichen und literärischen Zweck mehr entspricht, vielmehr im Zustande der Verdorbenheit Ärgernis und Sittenlosigkeit durch schlechtes Beispiel verbreitet, ist sogleich aufzulösen."

Die Klostergebäude samt Insel wurden 1824 von der Brauereifamilie Wieninger aus Teisendorf erworben. Sie übernahmen die Tradition der Klosterbrauerei und beliefern heute so ziemlich alle Gastbetriebe der Region – und natürlich auch den brauereieigenen Klosterwirt zu Höglwörth.

Die Landschaft um Höglwörth: Bunte Bauerngärten, Hügel und grüne Wiesen.

Das Heilige Grab in der Stiftskirche von Höglwörth wird alle drei Jahre aufgebaut. Die Tradition stammt ursprünglich aus der Zeit der Kreuzzüge.

Bunte Glaskugeln tauchen den Kirchenraum in ein mystisches Licht.

Das mirakulöse Heilige Grab

Ein religiöses Miraculum – ein Wunderwerk – besonders anschaulicher Art ist der Aufbau des Heiligen Grabes in der Stiftskirche am Karfreitag. Der Gedanke eines Nachbaus des Heiligen Grabes von Jerusalem in der Osterzeit stammt noch aus den Kreuzzügen, wurde aber erst in der Barockzeit richtig populär.

Das Höglwörther Heilige Grab entstand in den Jahren um 1836. Die fünf Meter hohe und sechs Meter tiefe Szenerie füllt den gesamten Altarraum aus und besteht aus einem Springbrunnen, einem Triumphbogen mit dem Leib Christi, der von einem in acht Metern Höhe schwebenden, beleuchteten Kreuz überragt wird, und einem im Hintergrund sich drehenden, von Wasserkraft betriebenen Sonnenrad. 114 Öllichter und farbige Glaskugeln tauchen den Kirchenraum in ein mystisches Halbdunkel.

Das Höglwörther Heilige Grab wird alle drei Jahre aufgestellt, zuletzt 2013.

Inselinfos: Kontemplative Ruhe inmitten breiter Schilfgürtel

Ein schöner Fußweg führt von der Anhöhe Mayrhofen mit Wirtshaus und Gastgarten hinunter in den Talkessel mit dem See. Schon von hier eröffnet sich das ganze Panorama mit der Insel und den Klosterbauten zu unseren Füßen und den am Horizont aufsteigenden Salzburger Alpen. Am See angekommen, überwindet eine Brücke den Wasserlauf und weist uns weiter durch den Bogen des massiven Torturms in den lang gestreckten Innenhof hinein, in dem ein Brunnen sachte plätschert. Seitwärts führen ein paar Stufen zum Kirchenportal empor. Zum See hin wird der Vorhof von einem zweiten Torhaus abgeschlossen.

Beim knapp einstündigen Rundweg um den See kommt man am moosgrünen Elfenstein vorbei, der von Esoterikern als besonderer Kraftort angesehen wird. Der Sage nach sind hier zwei Jungfrauen beim Pflücken von Seerosen ertrunken, erscheinen aber hin und wieder als tanzende Elfen.

Ein Geheimtipp für sommerliche Besucher ist die kleine Badeanstalt mit Liegewiese. Das Höglwörther Wasser ist schon früh im Sommer von angenehmer Wärme.

Golden leuchtendes Schilfgras in der Frühlingssonne.

Der Spazierweg um den See dauert knapp eine Stunde und führt am Elfenstein vorbei, für Esoteriker ein besonderer Kraftort.

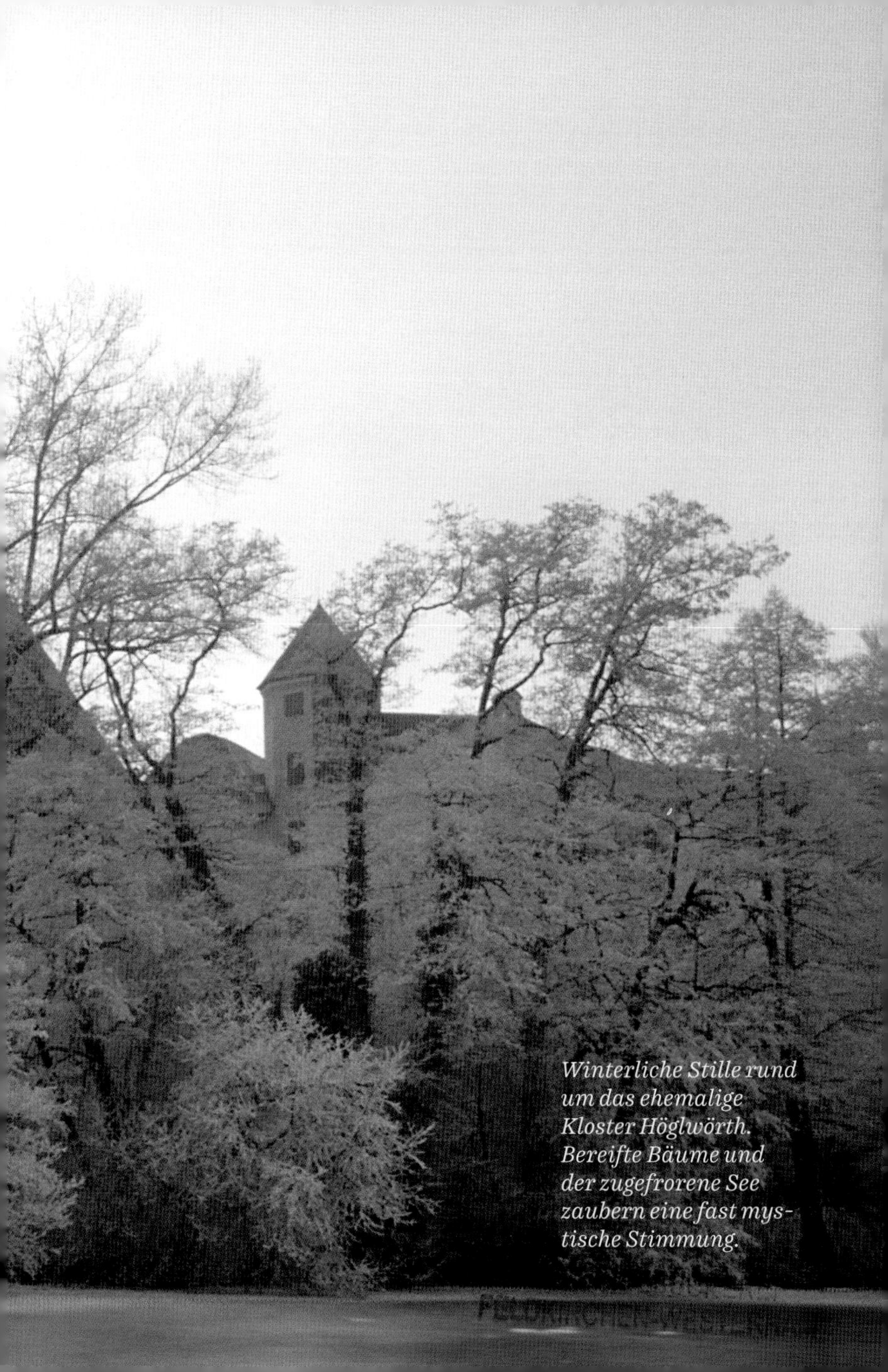

Winterliche Stille rund um das ehemalige Kloster Höglwörth. Bereifte Bäume und der zugefrorene See zaubern eine fast mystische Stimmung.

Sommers wie winters:

Mit Bike und Badehose
17 Radltouren zu Weihern und Seen
im Münchner Umland
ISBN 978-3-86497-189-1

Bildnachweis

Appel, Dieter: S. 9 u., 82/83, 104, 105, 106, 112, 114o., 146, 148/149, 151u.; Bayerische Schlösser- und- Seenverwaltung: S. 130; bpk: S. 25o.; dpa: S. 4, 5, 6/7, 13o., 18, 19, 24, 25u., 26/27, 30, 31o., 34, 35, 37u. (akg-images), 40, 42, 43, 46u., 52, 53, 54, 55, 61, 64, 65, 72, 76, 77, 86, 87, 88, 90/91, 95, 100, 108/109, 111u., 113, 114u., 115o., 116/117, 118o., 120, 140o., 150, 153u., 154/155, 157o., 157u. (akg-images), 158, 160, 161, 162, 163, 168u., 169 (akg-images), 172, 173, 174, 175, 179, 180o., 181, 182/183, 184, 185u., 186/187; Foto Berger/Prien: S. 17u.; Fuchs, Franz-Xaver: S. 13u., 67u., 71u., 74, 121, 124u., 126/127, 137, 145; Korn, Walter: S. 22, 37o.; Kleinert, Emma: S. 67o.; Luftbild-Pressefoto: S. 20/21, 44; Reuters: S. 15, 33o.; Schunk, Claus: S. 71o.; Simon, Johannes: S. 12, 23, 29, 41, 66, 134; SZ-Photo: S. 11, 14, 31u., 32, 38, 46o., 47, 48, 49, 50, 57, 58/59, 60, 73, 93o., 94, 110, 111o., 118u., 119, 147, 151o., 153o., 159, 164, 170, 171, 180u., 185o.; Treybal, Georgine: S. 68, 69, 70, 122u., 129u., 138; WAF München: S. 135; Weithmann, Michael: S. 10, 16, 17o., 33, 39, 56, 62/63, 78, 79, 80, 81, 84, 85, 89, 92, 93u., 96, 97, 98/99, 101, 102, 103, 107, 122, 123, 124o., 125, 126, 128, 129o., 131, 132, 133, 136/137, 139, 140, 142, 143, 144, 165, 166/167, 168o., 171o., 176, 177, 178